汽车维护与故障诊断修理工时定额

（第2版）

《汽车维护与修理》杂志社
中国汽车维修行业协会机动车检验检测和污染防治分会 组织编写

人民交通出版社
北京

内容提要

本书以交通运输行业标准《汽车维修工时定额核定方法》（JT/T 1525—2024）为依据，在深入调研国内外汽车维修工时定额现状的基础上，充分考虑了我国汽车工业技术的显著提升、汽车运行环境的大幅改善及汽车维修方式的深刻变革，在借鉴主流品牌4S店的维修收费模式的基础上，整合汽车后市场50余家相关企业多年累积的宝贵经验和翔实数据，经过20余名专家团队历时数年潜心研究编制而成，以期为推动汽车维修行业的健康发展贡献力量。

本书可供一、二、三类汽车维修企业、4S店在结算汽车维修工时费用时查找使用，也可供车主在送修或结账时查询使用，也可作为汽车维修从业人员和职业院校相关专业学生用书。

图书在版编目（CIP）数据

汽车维护与故障诊断修理工时定额/《汽车维护与修理》杂志社，中国汽车维修行业协会机动车检验检测和污染防治分会组织编写.—2版.—北京:人民交通出版社股份有限公司，2025. 7.—ISBN 978-7-114-20357-2

Ⅰ. U472.4

中国国家版本馆CIP数据核字第20254GG163号

书　　名：汽车维护与故障诊断修理工时定额（第2版）
著 作 者：《汽车维护与修理》杂志社
　　　　　　中国汽车维修行业协会机动车检验检测和污染防治分会
责任编辑：刘　洋
责任校对：赵媛媛　刘　璇
责任印制：张　凯
出版发行：人民交通出版社
地　　址：（100011）北京市朝阳区安定门外外馆斜街3号
网　　址：http://www.ccpcl.com.cn
销售电话：（025）84825381
总 经 销：人民交通出版社发行部
经　　销：南京先行汽车技术信息服务有限公司
印　　刷：北京武英文博科技有限公司
开　　本：720×960　1/16
印　　张：17.25
字　　数：302千
版　　次：2018年11月　第1版
　　　　　　2025年7月　第2版
印　　次：2025年7月　第2版　第1次印刷　总第2次印刷
书　　号：ISBN 978-7-114-20357-2
定　　价：80.00元

编写组和审定组成员

编　写　组

组　长：庄小庆

副组长：于开成　李东江

成　员：朱　堃　姜　国　沈建伟　魏世康　邱　平　王　祥
管　林　晋　琪　陈忠学　徐冬喜　孙宝发　蒋守德
李贵雄　杨柏青　刘建科　谈立波

审　定　组

组　长：汪学君

副组长：张小鹏

成　员：黄　阳　彭鲁洲　应鸥飞　李　波　王彦华　陈　凌
杨小弟　王安强　麻俊红　苏庆列　韩建林　陈章宇
孟华霞

前 言

自2021年我国全面建成小康社会以来，人民生活水平显著提升，汽车产销量稳步增长，保有量持续攀升。2024年汽车产销量超3100万辆，其中新能源汽车发展尤为迅猛，产销量突破1200万辆，连续10年位居世界首位。截至2024年底，全国汽车保有量已达3.53亿辆，新能源汽车保有量达3140万辆，为汽车维修行业提供了广阔的市场空间。

与此同时，汽车制造新技术也大量涌现。高强度钢、铝镁合金，以及碳纤维复合材料等轻量化材料在汽车制造中的应用越来越广泛；高压铸造、真空压铸等先进工艺进一步提升了材料性能；新能源汽车的锂离子电池和固态电池技术不断进步，电动汽车的续航里程有望取得革命性突破；车身一体化压铸技术得到快速发展和推广；从辅助驾驶功能到自动驾驶，功能不断完善；车联网技术实现车与车、车与道路、车与人、车与万物之间的信息交互。新材料、新工艺、新技术的日新月异，给汽车维修行业带来了前所未有的挑战，倒逼汽车维修业户转变生产经营方式，发展新质生产力，提升维修人员的技能水平，革新维修工艺，投入更先进的诊断和维修装备。

2025年3月1日，交通运输行业标准《汽车维修工时定额核定方法》（JT/T 1525—2024）正式施行，为有效执行该标准，并紧跟近年来汽车维修技术、设备及工艺的革新步伐，致力于制定更为科学、公正、合理的汽车维修工时定额标准，提升收费透明度，确保交易公平性，维护广大汽车维修业户与车主的合法权益。本书编写人员在深入调研国内外汽车维修工时定额现状的基础上，充分考虑了我国汽车工业技术的显著提升、汽车运行环境的大幅改善及汽车维修方式的深刻变革，在借鉴主流品牌4S店维修收费模式基础上，整合汽车后市场50余家相关企业多年累积的宝贵经验和翔实数据，经过20余名专家团队历经数年潜心研究，采用数据采样、实地验证、统计分析、总结归纳等科学方法，对工时定额进行了全面而深入的探讨与论证，编制了《汽车维护与故障诊断修理工时定额》（以下简称《工时定额》），以期为推动汽车维修行业的健康发展贡献力量。

《工时定额》的编制力求“简明扼要、实用便捷”，旨在实现“一看就懂、一用就会”的初衷，并严格遵循“项目求真、工时求准”的编制原则。相较于国内多数省市以往制定的汽车维修工时定额版本，《工时定额》展现出以下主要创新亮点。

一是明确以实际维修作业时间作为工时定额的基准，确保结算工时与实际作业时间一致，有效解决了过去结算工时5～10倍于实际作业时间的问题，从而减少了因车主不理解而产生的维修纠纷。

二是摒弃了传统上按作业深度（如小修、维护、大修）编排工时定额的做法，构建了以机修工、钣金工、涂漆工这三大主要工种为核心的工时定额体系，这既符合新标准的要求，也与当前汽车维修生产的实际情况相契合。

三是摒弃了单纯以发动机排量作为乘用车车型分类依据的做法，探索出更为合理的分类方式。考虑到发动机排量与车辆技术复杂程度之间的关联度逐渐降低，维修工时多依据车辆的技术复杂程度来计量实际作业时间。具体而言，乘用车发动机维修工时按发动机结构（直列式和V形）进行划分，而客车和货车发动机维修工时则分为4缸机和6缸机，这种分类方式既简便又实用。

四是组织了一批长期在维修一线工作、经验丰富的“工匠级”专家，花费大量时间和精力，按照通俗易懂的故障现象对诊断工时进行了细致的分类和整理，结合现实案例和客户报修的故障角度，使用诊断仪器和工具来测算排查故障点所需的诊断时间，并据此确定故障诊断工时定额。这一做法打破了以往较少考虑或不收取故障诊断工时费的惯性思维，有助于避免盲目换件修理造成的资源浪费。与此相关的章节是维修经验的荟萃，能有效指导维修人员排除故障。

五是总结了近十年来执行机动车排气污染物检测与维护（I/M）制度的尾气超标治理经验，制定了尾气超标诊断和治理两部分的工时定额，为尾气治理企业（M站）提供了技术指导和遵循依据。

六是随着新能源汽车市场的迅猛发展，增加了较大篇幅的新能源（纯电动）汽车维修工时定额内容。尽管新能源汽车维修仍处于起步阶段，其工时定额还有待进一步完善，但这一举措已经为新能源汽车维修市场的规范化发展奠定了基础。

七是在车身整形修复方面，创新了分类方法，乘用车按轴距长短进行划分，并结合板件材质、损伤部位特征、变形面积、损伤形式等因素来评估车身损伤程度。根据损伤程度的轻、中、重程度递增维修工时，这种分类方法更加科学合理。

八是在车身涂装修复工时方面，主要考虑了喷涂工艺、板件面积、曲面弧度、新旧件等因素，并根据涂装工艺流程来测算标准作业时间。由于不同乘用车相同板块的表面积差距不大且形状大致相当，因此，将车身涂装修复工时按车身外观覆盖件、结构件、附件的顺序排列维修项目，既方便又实用。

本书编制得到了中国汽车维修行业协会、交通运输部公路科学研究院、南京市交通运输综合行政执法总队、上海市道路运输管理局、重庆市道路运输事务中心 、贵阳市交通委员会 、南京汽车维修行业协会、北京汽车维修行业协会 、浙江省汽车服务行业协会 、黑龙江省汽车维修与检测行业协会、云南省汽车维修行业协会、福建省机动车维修行业协会、西宁市机动车维修检测行业协会、舟山申通时代汽车销售服务有限公司、江苏雨田广宏汽车销售服务有限公司、苏豪天泓汽车集团有限公司、南京紫金汽车修理服务有限公司、南京交运集团东联汽车贸易有限公司、南京泽宝科技有限公司、江苏华海爱特汽车服务有限公司、南京苏创汽车维修服务有限公司、南京沃盟汽车维修服务有限公司、南京江南公交客运有限公司、徐州市公共交通集团有限公司、东风商用车有限公司、上海加冷松芝汽车空调股份有限公司、南京锐众汽车服务有限公司、南京帕博汽车技术有限公司等单位的大力支持,在此表示感谢!

鉴于当前汽车维修行业车型谱系繁杂、工艺结构差异性显著,且工时定额编制工作体量庞大,现有工时定额体系在作业项目覆盖度与工时定额核定精度方面仍存有需完善之处。我们诚挚接受汽车维修行业同仁及社会各界对现行工时定额的专业性监督,并将持续完善技术评估体系与动态修订机制。恳请各合作单位、业内专家及广大车主予以指正,共同促进汽车后市场服务品质提升。

编　者

2025年3月

目　　录

第一篇　乘用车维护与故障诊断修理工时定额

第二篇　客车维护与故障诊断修理工时定额

第三篇　货车维护与故障诊断修理工时定额

使用说明

为帮助汽车维修费用结算相关人员更快更好地理解、熟悉、掌握及运用《汽车维护与故障诊断修理工时定额》（简称《工时定额》），特此提供以下说明。

一、车辆类别划分说明

根据《工时定额》的编制需求，依据汽车维修的技术难度、复杂程度及工作量差异，对车辆类别进行了科学合理的划分。

1.乘用车

乘用车发动机修理及污染物排放超标治理的工时定额，依据发动机结构被细分为直列4缸与V形6缸两类。

乘用车车身整形修复的工时定额，则根据轴距的不同被划分为三个等级：短轴距（轴距＜2.50m）、中轴距（2.50m≤轴距＜2.85m）、长轴距（轴距≥2.85m）。

乘用车车身涂装修复的工时定额，则是根据施涂对象的不同被划分为原车件涂装与新件涂装两类。

2.客车

客车发动机修理及污染物排放超标治理的工时定额，依据发动机汽缸数被明确划分为4缸与6缸两类。

对于客车维护、底盘修理、车身整形修复、轮胎动平衡及修补、玻璃安装及修复等工时定额，则根据车长及座位数细化为：轻型客车（车长≤6m且9座以上）、中型客车（6m＜车长≤9m）、大型客车（车长＞9m）。

此外，对于主要结构参数和技术性能参数与同品牌轻型客车相近或相同的车辆，其维修工时定额则按照轻型客车的标准执行。

3.货车

货车发动机修理及污染物排放超标治理的工时定额，根据发动机汽缸数将其划分为4缸和6缸两类。

对于货车维护、底盘修理、车身整形修复、车身涂装修复、轮胎动平衡及修补、玻璃安装及修复等工时定额，则依据货车的总质量细化为：微型货车（总质量<1.8t）、轻型货车（1.8t≤总质量<4.5t）、中型货车（4.5t≤总质量<12t）、重型货车（总质量≥12t）。

值得注意的是，微型货车的维修特征与乘用车颇为相似，因此，其维修工时定额参照乘用车的相关标准执行。

二、汽车维修工时定额的构成

汽车维修工时定额主要由以下几部分构成：进厂交接工时定额、机电故障诊断/作业方案制订工时定额、作业工时定额、辅助工时定额（虽已包含在作业工时中，但概念上仍需提及）、出厂交接工时定额，以及针对特殊情形的工时核定。

1.进厂交接工时定额

进厂交接工时指的是完成车辆信息、外观、内饰及车况检查，初步诊断故障，并准确填写进厂交接单所需的时间。其定额经核定，乘用车为0.2h，轻型客车/货车及中型客车/货车均为0.3h，大型客车/重型货车为0.4h。

2.故障诊断工时定额

故障诊断工时涉及使用诊断设备、工具，按照标准、技术规范或维修手册，依据具体故障现象对机械和电气故障进行诊断，确认故障点或最小故障范围的时间。具体定额详见本书相关章节。

3.作业方案制订工时定额

作业方案制订工时包括制订维护、车身整形修复、车身涂装修复、美容装潢等合理作业方案的时间。其定额经核定，乘用车维护作业为0.1h，客车/货车维护作业为0.2h；车身整形修复中，单一损伤为0.2h，多处损伤为0.4h，涉及车身结构件损伤或定位参数变化的为1h（板件更换和事故车拆检方案制订工时不计）；车身涂装修复作业为0.5h；美容装潢作业，客户有个性化需求的为0.6h（常规作业不计）。

4.作业工时定额

作业工时指根据机电故障诊断结果或作业方案，按标准、技术工艺规范或维修手册要求施工的时间。具体定额同样详见本书相关章节。

5.辅助工时定额（概念性提及）

辅助工时涉及场地、仪器、设备、工量具、配件的准备、整理、整顿、清洁等辅助作业的时间。通常已包含在作业工时中，不再单独核定工时定额。

6.出厂交接工时定额

出厂交接工时指配合托修方完成车辆验收，并准确填写车辆验收交接单的时间。其定额经核定，乘用车、轻型客车/货车为0.2h，中型客车/货车、大型客车/重型货车为0.3h。

7.特殊情形的工时核定

（1）涉及关联件拆装的单一维修项目，工时定额通常已包含关联件的拆装时间；涉及相同关联件拆装的多个维修项目，结算时不可重复累加相同关联件的拆装工时。

（2）未列入《工时定额》的维修项目及专用车辆上装部位的维修，工时按实际作业时间计算；路试工时酌情增加，按实计算。

（3）房车、吊车、罐车、泵车、叉车、环卫车、消防车、工程车（挖掘机、装载机、推土机、压路机）等专用及特种作业车辆维修工时，参照相近车型定额。

（4）对于“疑难杂症”、复杂或特殊修理项目，可通过双方议价确定工时费用。

三、工时定额体系

《工时定额》被精心划分为乘用车、客车、货车三大维修工时定额篇章，每个篇章均独立且完整，涵盖了传统燃料汽车与新能源（纯电动）汽车。此体系以机电维修工（包括维护、故障诊断、机电修理）、钣金工（专注于车身整形修复）、涂漆工（负责车身涂装修复）三大工种为核心，并增设了美容装潢等专项作业项目，共编排为6个章节。

1.维护工时

（1）乘用车维护工时细分为基础作业与附加作业项目工时。

（2）客车与货车则按一级维护与二级维护工时划分，维护项目严格遵循《汽车维护、检测、诊断技术规范》（GB/T 18344）及《纯电动汽车维护、检测、诊断技术规范》（JT/T 1344）的相关规定。

2.故障诊断工时

故障诊断工时项目主要依据汽车构造分为发动机、底盘、车身电器故障诊断，以及污染物排放超标诊断4大板块。

3.机电修理作业工时

机电修理作业工时项目与故障诊断工时紧密对应，同样主要按照汽车构造分为发动机、底盘、车身电器修理，以及污染物排放超标治理4大板块。

4.车身整形修复作业工时

车身整形修复作业工时细分为损伤修复、板件更换及事故车拆检三大工时部分。其中，损伤修复与板件更换作业工时又可进一步细化为车身外部、内部及结构件三组。损伤修复工时根据损伤程度被划分为轻、中、重三级，具体界定依据损伤面积及损伤类型综合判断。损伤面积占该部件面积20%以下为轻度损伤，20%～40%为中度损伤，40%以上为重度损伤。轻度损伤部件若含有弯曲、折皱、锐角凹陷、撕裂、骨架变形等任一类型损伤，其损伤程度即定义为中度损伤；中度损伤部件若含有弯曲、折皱、锐角凹陷、撕裂、骨架变形等任一类型损伤，其损伤程度即定义为重度损伤。

5.车身涂装修复作业工时

车身涂装修复作业工时项目按车身部位进行划分。乘用车与货车依据喷涂板块计算工时，而客车则依据喷涂面积计算工时。对于不涉及色漆的轻微划痕修复，则归类于汽车美容装潢作业范畴。

6.专项维修作业工时

（1）专项维修作业工时涵盖了轮胎动平衡及修补、曲轴修磨与汽缸镗磨（机加工）、汽车美容装潢、汽车玻璃安装及修复4大专项的维修工时。

（2）其他，如发动机维修、电气系统维修、自动变速器维修、四轮定位检测调整、汽车润滑与养护、喷油泵与喷油器维修、散热器维修、空调维修、车身维修等专项的维修工时，读者可在本书对应章节中轻松查找，不再重复列出。

四、汽车维修费用结算

汽车维修经营者应严格执行《机动车维修费用结算清单》（JT/T 1133）标准，其维修费用结算公式简明扼要，所有费用均为含税价格，具体为：

维修结算总费用=∑工时费用+∑维修材料费用+∑其他费用；

工时费用（元）=工时单价（元/h）×工时定额（h）；

维修材料费用（元）=维修材料购进金额（元）×（1+进销差价率）；

其他费用（元）涵盖了汽车零配件修旧、外加工、救援服务及委托检测等所涉的费用。

在结算维修费用时，汽车维修经营者需关注以下几点：

（1）工时单价。工时单价由汽车经营者自主设定，需综合考量厂房设备投入、维修人员技能水平、服务质量及当地市场状况。同一企业可根据维修工种和技术含量，灵活制定多种工时单价。确定工时单价后，应向管理部门备案，并在接待区醒目位置公示价目表，包括工时定额版本、单价及进销差价率等，确保价格透明。

（2）总工时。总工时由多个环节的工时组成，包括进厂交接、故障诊断、作业方案制定、实际作业及出厂交接的工时定额。对于车身整形和涂装修复项目,若涉及多个作业,其方案制定工时不得重复计算。

(3)进销差价率。维修材料的进销差价率由汽车维修经营者自主决定,需全面考虑材料采购、运输、检验、保管、损耗及维修过程中低值易耗辅助材料(见下表)的消耗等成本,合理设定。结算时,不再单独收取低值易耗辅助材料费用,确保费用计算的公正性与合理性。

低值易耗辅助材料表

序号	名称	序号	名称
1	小螺母	21	透明胶带
2	小螺栓	22	双面胶
3	普通铆钉	23	AB 胶
4	垫片	24	纸胶带
5	切割片	25	纸漏斗
6	磨光片	26	遮蔽纸
7	钻头	27	砂纸
8	薄铜皮	28	棉纱
9	铜焊条	29	抹布
10	普通焊条	30	气门砂
11	焊锡	31	洗衣粉
12	铁丝	32	肥皂
13	锯条	33	润滑脂
14	开口销	34	印油
15	松香	35	除油剂
16	塑料护套件	36	香蕉水
17	热塑管	37	乙炔
18	线束塑料扎带	38	氧气
19	公母接插件	39	氮气
20	绝缘带	40	二氧化碳

第一篇

乘用车维护与故障诊断修理工时定额

第一章　乘用车维护工时定额

一、乘用车维护基础作业项目工时定额

序号	类型	工时，h
1	燃料乘用车	1.5
2	新能源乘用车（纯电动）	1.2
3	仅更换发动机油、机油滤清器	0.5

二、乘用车维护基础作业项目

1.燃料乘用车维护基础作业项目

序号	基础作业项目 （每行驶1万km或1年需进行的维护）
1	更换发动机油、机油滤清器
2	用故障检测仪读取各系统控制器内存储的故障代码；检查相关数据流是否正常
3	踩踏制动踏板，确保行程正常，操作顺畅，无卡滞
4	检查转向盘自由行程、转向柱调节，以及多功能转向盘各按键功能
5	检查喇叭的工作状况
6	检查迎宾灯、室内顶灯；检查远光灯、近光灯、前雾灯、转向灯、危险警告灯、日行灯、驻车灯、牌照灯、后雾灯、制动灯、倒车灯等能否点亮，同步检查组合仪表各指示灯

续上表

序号	基础作业项目 （每行驶1万km或1年需进行的维护）
7	检查空调、收音机、点烟器功能是否正常，以及时钟显示是否准确
8	检查驻车制动器拉杆/驻车制动器开关，确保操作顺畅，无卡滞
9	检查电动车窗、电动后视镜调节是否正常
10	检查中控锁功能是否正常
11	目测安全气囊、安全带外表是否受损，检查安全带功能是否正常
12	检查电动天窗和遮阳帘打开、关闭是否正常；目视检查天窗的密封和腐蚀损坏情况；清洁导轨，必要时用润滑脂润滑导轨；检查天窗排水功能是否正常
13	检查前、后排座椅功能是否正常
14	检查前、后倒车雷达功能是否正常
15	检查车门内、外把手，以及后门儿童锁是否正常
16	检查车门打开、关闭是否正常，以及门控灯、氛围灯是否正常
17	清洁空调滤清器，必要时进行更换
18	检查发动机舱盖、行李舱盖的铰链、锁块和支撑杆
19	检查燃油箱盖打开、关闭是否正常
20	检查行李舱照明灯、随车工具是否齐全
21	清洁前风窗玻璃排水槽
22	检查刮水器/清洗装置功能是否正常，检查刮片，检查风窗玻璃清洗剂（必要时添加）
23	目测检查发动机舱内零件是否损坏、是否有液体泄漏
24	检查传动带有无异常
25	检查冷却液冰点数值，检查冷却系统冷却液是否泄漏，必要时补充冷却液
26	清洁空气滤清器壳体和滤清器，必要时更换滤清器
27	检查蓄电池状态及导线连接情况
28	检查转向助力油油位是否在正常范围内

续上表

序号	基础作业项目 （每行驶1万km或1年需进行的维护）
29	检查空调制冷剂；检查、疏通空调系统排水管路
30	检查减振器是否漏油、防尘罩是否完好
31	检查排气管是否漏气，排气管及底部隔热层固定是否牢靠；检查轴承、转向横拉杆、下托臂、球头、防尘罩是否完好；检查制动摩擦片及制动盘磨损情况
32	目测发动机、变速器是否漏油，检查驱动轴护套是否完好
33	按规定力矩紧固悬架螺栓
34	检查燃油管、制动管路及气管等是否泄漏，固定是否牢靠；检查制动液等工作液液面高度，必要时补充添加
35	检查轮胎（包括备胎）磨损情况（必要时进行车轮换位），清除轮胎上的石子等异物，同时校正轮胎气压
36	按规定力矩紧固车轮固定螺栓
37	试车检查维护情况
38	维护提示复位

备注：可以依据车辆使用手册规定的行驶里程或时间间隔以及维护项目进行维护。

2.新能源乘用车（纯电动）维护基础作业项目

序号	基础作业项目 （每行驶1万km或1年需进行的维护）
1	用故障诊断仪读取各系统控制器内存储的故障代码；读取电池管理系统数据流（如电芯最高/最低温度值、温差数据，电芯最高/最低电压值、压差数据等），检查数据流是否正常；检查整车控制器、电池管理系统、电机控制器、车载充电机等软件版本是否为最新版本
2	踩踏制动踏板，确保行程正常，操作顺畅，无卡滞
3	检查转向盘自由行程、转向柱调节，以及转向盘按键功能

续上表

序号	基础作业项目 (每行驶1万km或1年需进行的维护)
4	检查喇叭的工作状况
5	检查刮水器、清洗装置功能是否正常,检查刮片,检查风窗玻璃清洗剂(必要时添加)
6	检查室内顶灯、迎宾灯;检查远光灯、近光灯、前雾灯、转向灯、危险警告灯、日行灯、驻车灯、牌照灯、后雾灯、制动灯、倒车灯等能否点亮,同步检查组合仪表各指示灯
7	检查驻车制动开关,确保操作顺畅,无卡滞
8	检查空调、点烟器功能是否正常
9	检查大屏系统功能是否正常
10	检查电动车窗、电动后视镜调节是否正常
11	检查中控锁功能是否正常
12	检查前、后排座椅功能是否正常
13	检查前、后倒车雷达功能是否正常
14	目测安全气囊、安全带外表是否受损,检查安全带功能是否正常
15	检查车门内、外把手,以及后门儿童锁功能是否正常
16	检查车门打开、关闭是否正常,以及门控灯、氛围灯是否正常
17	清洁空调滤清器,必要时更换
18	检查低速模拟音功能是否正常
19	检查前电机舱盖、行李舱盖的铰链、锁块和支撑杆
20	检查天窗和遮阳帘打开、关闭是否正常;目视检查天窗的密封和腐蚀损坏情况;清洁导轨,必要时用润滑脂润滑导轨;检查天窗排水功能是否正常
21	检查随车工具和行李舱照明灯
22	检查蓄电池状态及正、负极连接情况
23	检查充电口(直流、交流)内是否有异物,内部金属孔是否完好

续上表

序号	基础作业项目 （每行驶1万km或1年需进行的维护）
24	检查主动进气格栅功能是否正常（如配备）
25	检查前端冷却模块（包括散热器、冷凝器和散热风扇）
26	检查膨胀水壶内冷却液液面高度是否在正常范围内，以及冷却液冰点
27	检查前电机舱内各管路、接头及线束
28	检查制动液液面高度是否在正常范围内
29	检查前、后悬架状况
30	检查车轮轴承
31	检查轮胎（包括备胎）磨损状况，校正轮胎气压，清除轮胎上的石子等异物
32	检查减振器是否漏油、防尘罩是否损坏
33	检查驱动电机、差减速器外观，检查驱动轴防尘罩状况
34	检查转向横拉杆及两侧防尘罩，检查转向连接机构状况
35	检查制动油管、制动轮缸，以及电子驻车总成，检查制动盘、制动摩擦片厚度及磨损情况
36	检查底盘是否有漏油、漏水现象
37	检查底盘上的制动油管、冷却液管及护板是否损坏
38	按照规定力矩紧固底盘螺栓及螺母
39	检查空调系统排水管，必要时清洁
40	检查电池箱体是否有划痕、腐蚀、变形、破损等情况；检查与动力蓄电池连接的高压线束以及手动维修开关连接是否牢靠
41	按照规定力矩紧固动力蓄电池包固定螺栓
42	按规定力矩紧固车轮固定螺栓
43	清洁前机舱与前风窗玻璃格栅
44	检查电子助力器与连接器（每1万km检查1次）
45	检查加热器与连接器（每1万km检查1次）
46	检查电动空调压缩机与管路状态（每1万km检查1次）

续上表

序号	基础作业项目（每行驶1万km或1年需进行的维护）
47	四轮换位(每1万km换位1次)
48	试车进行车辆性能检查
49	维护提示复位

备注：可以依据车辆使用手册规定的行驶里程或时间间隔以及维护项目进行维护。

三、乘用车维护附加作业项目工时定额

1.燃料乘用车维护附加作业项目工时定额

序号	附加作业项目	工时，h
1	内窥镜检查发动机燃烧室和进气道	0.5
2	检查、更换火花塞	0.5
3	检查、更换火花塞（位置特殊）	1
4	调整传动带	0.2
5	更换传动带	0.4
6	更换制动摩擦片（一副）	1
7	更换手动变速器油	0.7
8	更换自动变速器油（重力换油）	1
9	更换自动变速器油（循环换油）	2
10	更换转向助力油	0.5
11	更换燃油滤清器（内置）	0.8
12	更换燃油滤清器（外置）	0.3
13	更换制动液	1
14	更换正时齿形带	2

续上表

序号	附加作业项目	工时，h
15	尾气检测	0.5
16	润滑系统深化维护	0.9
17	燃油系统深化维护	0.8
18	冷却系统深化维护	1
19	制动系统深化维护	1.1
20	传动系统深化维护	1.2
21	发动机舱深度清洁	1
22	制动性能检验	1
23	车内气雾杀菌	0.5

备注：依据车辆使用手册规定的行驶里程或时间间隔以及车况确定维护附加作业项目。

2.新能源乘用车（纯电动）维护附加作业项目工时定额

序号	附加作业项目	工时，h
1	更换差、减速器油	0.5
2	更换制动液	1
3	更换电池冷却液	0.5
4	更换电机冷却液	0.5
5	更换制动摩擦片（1 副）	1
6	车内气雾杀菌	0.5
7	动力蓄电池腔体气密性测试	0.5

备注：依据车辆使用手册规定的行驶里程或时间间隔以及车况确定维护附加作业项目。

第二章　乘用车故障诊断工时定额

一、燃料乘用车故障诊断工时定额

1.燃料乘用车发动机故障诊断工时定额

<table>
<tr><th>序号</th><th>故障现象</th><th colspan="2">诊断项目</th><th>工时，h</th></tr>
<tr><td>1</td><td rowspan="19">发动机无法起动</td><td colspan="2">无电（含蓄电池、发电机故障）</td><td>0.5</td></tr>
<tr><td>2</td><td rowspan="4">不供油</td><td>继电器、熔断丝损坏</td><td>0.2</td></tr>
<tr><td>3</td><td>燃油滤清器堵塞</td><td>0.5</td></tr>
<tr><td>4</td><td>低压燃油泵故障</td><td>0.5</td></tr>
<tr><td>5</td><td>燃油泵控制模块故障</td><td>1</td></tr>
<tr><td>6</td><td rowspan="2">不点火</td><td>点火线圈或火花塞故障</td><td>0.5</td></tr>
<tr><td>7</td><td>点火控制模块及其线路故障</td><td>1</td></tr>
<tr><td>8</td><td colspan="2">起动机故障</td><td>1</td></tr>
<tr><td>9</td><td colspan="2">配气相位异常</td><td>1</td></tr>
<tr><td>10</td><td colspan="2">活塞、气门等机械故障</td><td>1</td></tr>
<tr><td>11</td><td colspan="2">信号故障（防盗、挡位、离合器等）</td><td>0.5</td></tr>
<tr><td>12</td><td colspan="2">点火钥匙或智能钥匙故障</td><td>0.2</td></tr>
<tr><td>13</td><td colspan="2">接收器（含天线）故障</td><td>0.5</td></tr>
<tr><td>14</td><td colspan="2">点火开关或起动开关故障</td><td>0.5</td></tr>
<tr><td>15</td><td colspan="2">网络故障</td><td>0.6</td></tr>
<tr><td>16</td><td colspan="2">传感器（曲轴位置传感器、凸轮轴位置传感器、油轨压力传感器等）和执行器失效</td><td>0.5</td></tr>
<tr><td>17</td><td colspan="2">进油计量比例阀故障（柴油机）</td><td>1</td></tr>
<tr><td>18</td><td colspan="2">废气再循环（EGR）阀故障（柴油机）</td><td>0.6</td></tr>
<tr><td>19</td><td colspan="2">油路有空气（柴油机）</td><td>0.5</td></tr>
</table>

续上表

序号	故障现象	诊断项目	工时，h
20	发动机无法起动	手油泵故障（柴油机）	0.4
21		机械故障（抱轴、抱瓦、传动卡滞等）	1
22	发动机难起动	蓄电池电量不足	0.2
23		混合气异常 [含汽油蒸气排放（EVAP）、曲轴箱强制通风（PCV）、油品]	0.5
24		点火异常（含火花塞）	0.5
25		配气相位异常	1
26		高压燃油泵故障	0.5
27		传感器（冷却液温度传感器、空气流量传感器、节气门位置传感器等）和执行器失效	0.5
28		进、排气不畅	1
29		机械故障（含汽缸压力异常）	1
30		积炭严重	1
31		手油泵故障（柴油机）	0.4
32		油水分离器故障（柴油机）	0.5
33		燃油滤清器堵塞（柴油机）	0.5
34	发动机异常熄火	积炭严重	1
35		混合气异常（含油品）	0.6
36		点火异常	0.5
37		传感器（节气门位置传感器、空气流量传感器等）和执行器失效	0.4
38		机械故障（含液力变矩器异常）	1
39		线路接触不良	0.8
40		加装或改装件引起	1

续上表

<table>
<tr><th>序号</th><th>故障现象</th><th colspan="2">诊断项目</th><th>工时，h</th></tr>
<tr><td>41</td><td rowspan="6">怠速不稳；怠速过高；怠速抖动；加速抖动；转速忽高忽低；发动机抖动</td><td colspan="2">火花塞故障</td><td>0.5</td></tr>
<tr><td>42</td><td colspan="2">喷油器故障</td><td>0.5</td></tr>
<tr><td>43</td><td colspan="2">汽缸压力异常</td><td>1</td></tr>
<tr><td>44</td><td colspan="2">漏气</td><td>0.8</td></tr>
<tr><td>45</td><td colspan="2">正时跳齿（含平衡轴）</td><td>1</td></tr>
<tr><td>46</td><td colspan="2">缓冲连接件损坏</td><td>0.4</td></tr>
<tr><td>47</td><td rowspan="13">加速无力；动力不足</td><td colspan="2">传感器（加速踏板位置传感器、节气门位置传感器等）信号失准</td><td>0.5</td></tr>
<tr><td>48</td><td rowspan="3">供油不畅（含油品）</td><td>高压燃油泵或低压燃油泵故障</td><td>0.5</td></tr>
<tr><td>49</td><td>喷油器故障</td><td>0.6</td></tr>
<tr><td>50</td><td>燃油滤清器堵塞</td><td>0.5</td></tr>
<tr><td>51</td><td colspan="2">点火弱</td><td>0.5</td></tr>
<tr><td>52</td><td colspan="2">配气相位偏差</td><td>1</td></tr>
<tr><td>53</td><td colspan="2">涡轮增压器故障</td><td>1.2</td></tr>
<tr><td>54</td><td colspan="2">进、排气不畅</td><td>1</td></tr>
<tr><td>55</td><td colspan="2">进油计量比例阀故障（柴油机）</td><td>0.5</td></tr>
<tr><td>56</td><td colspan="2">颗粒捕集器（DPF）故障（堵塞）</td><td>0.7</td></tr>
<tr><td>57</td><td colspan="2">压差传感器故障（柴油机）</td><td>0.4</td></tr>
<tr><td>58</td><td colspan="2">EGR 阀故障（柴油机）</td><td>0.6</td></tr>
<tr><td>59</td><td colspan="2">机械故障（含汽缸压力异常）</td><td>1</td></tr>
<tr><td>60</td><td>发动机冷却液温度高</td><td colspan="2">冷却液泵故障</td><td>0.6</td></tr>
</table>

续上表

序号	故障现象	诊断项目	工时，h
61	发动机冷却液温度高	节温器损坏	0.5
62		水管损坏	0.4
63		散热器故障	0.5
64		暖风水箱故障	0.8
65		发动机排气不畅	1
66		冷却液不足	0.1
67		冷却系统有空气	0.3
68		机械故障	1
69		冷却系统压力不足	0.5
70		信号失真	0.6
71	发动机冷却液温度低	节温器损坏	0.5
72		信号失真	0.5
73	发动机漏水、耗水	外部漏水	0.4
74		内部漏水	1
75		暖风水箱漏水	0.8
76		散热器内漏（自动变速器）	0.5
77	发动机油耗高	积炭	1
78		混合气异常（含油品）	0.7
79		缺火	0.5
80		喷油器异常	0.5
81		发动机机械故障	0.6
82		信号失准（含冷却液温度传感器、氧传感器）	0.5
83		轮胎气压异常	0.2
84		车轮定位异常	1
85		制动卡滞	0.8

续上表

<table>
<tr><th>序号</th><th>故障现象</th><th colspan="2">诊断项目</th><th>工时，h</th></tr>
<tr><td>86</td><td rowspan="3">发动机油耗高</td><td colspan="2">离合器打滑（含自动变速器）</td><td>0.5</td></tr>
<tr><td>87</td><td colspan="2">冷却液温度低</td><td>0.5</td></tr>
<tr><td>88</td><td colspan="2">变速器不升挡或升挡异常</td><td>0.5</td></tr>
<tr><td>89</td><td rowspan="10">发动机漏机油、耗机油</td><td rowspan="5">油封、密封件失效</td><td>气门室盖衬垫</td><td>1</td></tr>
<tr><td>90</td><td>凸轮轴油封</td><td>0.5</td></tr>
<tr><td>91</td><td>曲轴前油封</td><td>0.5</td></tr>
<tr><td>92</td><td>曲轴后油封</td><td>0.8</td></tr>
<tr><td>93</td><td>油底壳密封垫</td><td>0.5</td></tr>
<tr><td>94</td><td colspan="2">壳体变形（含机油散热器及管路变形）</td><td>1</td></tr>
<tr><td>95</td><td colspan="2">曲轴箱通风装置异常</td><td>0.5</td></tr>
<tr><td>96</td><td colspan="2">涡轮增压器故障</td><td>0.8</td></tr>
<tr><td>97</td><td colspan="2">汽缸密封异常（含气门油封）</td><td>1</td></tr>
<tr><td>98</td><td colspan="2">积炭</td><td>0.5</td></tr>
<tr><td>99</td><td rowspan="4">发动机异响</td><td colspan="2">发动机本体响（内部机械）</td><td>1</td></tr>
<tr><td>100</td><td colspan="2">发动机附件响</td><td>1</td></tr>
<tr><td>101</td><td colspan="2">燃烧响</td><td>0.5</td></tr>
<tr><td>102</td><td colspan="2">气流响</td><td>0.5</td></tr>
<tr><td>103</td><td>冒蓝烟</td><td colspan="2">烧机油</td><td>0.8</td></tr>
<tr><td>104</td><td rowspan="6">冒黑烟</td><td rowspan="6">混合气浓</td><td>油品问题</td><td>0.6</td></tr>
<tr><td>105</td><td>喷油器故障</td><td>0.5</td></tr>
<tr><td>106</td><td>氧传感器故障</td><td>0.5</td></tr>
<tr><td>107</td><td>进气系统堵塞</td><td>0.2</td></tr>
<tr><td>108</td><td>空气流量传感器[或进气压力传感器（MAP）]故障</td><td>0.5</td></tr>
<tr><td>109</td><td>EVAP 系统异常</td><td>0.5</td></tr>
</table>

续上表

序号	故障现象	诊断项目		工时，h
110	冒黑烟	混合气浓	节气门体故障	0.3
111			发动机缺火	0.3
112			高压燃油泵或低压燃油泵故障	0.5
113	冒白烟	烧水		0.5
114	故障灯亮	排放相关故障		0.8
115		红色灯亮	充电指示灯	0.3
116			制动报警灯	0.5
117			机油压力报警灯	0.7
118			冷却液温度报警灯	0.5
119			气囊（含安全带）指示灯	0.5
120		黄色灯亮		0.4
121		其他故障		0.5
122	车载自动诊断系统（OBD）检测未就绪	未就绪原因排查		0.5

2.燃料乘用车底盘故障诊断工时定额

序号	分类	故障现象	诊断项目	工时，h
1	传动系统	离合器打滑；离合器分离不清	离合器压盘、飞轮故障	0.7
2			离合器片故障	0.7
3			分离轴承故障	0.7
4			操纵机构回位不良	0.5

续上表

序号	分类	故障现象	诊断项目	工时,h
5	传动系统	离合器抖动	离合器片故障(含缓冲块)	0.7
6			离合器压盘、飞轮故障	0.7
7			操纵机构压不到位	0.5
8			分离轴承故障	0.7
9			导向轴承故障	1.5
10		离合器异响	分离轴承故障	0.7
11			导向轴承故障	1.5
12			离合器压盘、飞轮故障	0.7
13			离合器片故障	0.7
14			操纵机构(含踏板)故障	0.5
15		离合器踏板踩不动	操纵机构(含踏板)故障	0.5
16			离合器压盘故障	0.7
17		离合器漏油	离合器主缸故障	0.2
18			离合器工作缸(含分离轴承)故障	0.5
19			油管泄漏	0.3
20		离合器踏板行程不正常	操纵机构故障	0.5
21			离合器压盘、飞轮故障	0.7
22			分离轴承故障	0.7
23			离合器片磨损	0.7
24		手动变速器异响	外部操纵机构故障	0.5
25			内部异响(拆解)	3
26			变速驱动桥内部异响(拆解)	3
27		手动变速器自动脱挡	自锁装置故障	1
28			齿轮齿套故障	1.5
29			操纵机构松旷	0.5

续上表

序号	分类	故障现象	诊断项目		工时, h
30	传动系统	手动变速器不能正常挂挡	操纵机构故障		0.5
31			齿轮、同步器故障		1.5
32			离合器故障		0.7
33		自动变速器不能升降挡	外部信号失真		0.5
34			内部机、电、液故障（拆解）		0.8
35		自动变速器换挡冲击	外部信号失真		0.5
36			内部机、电、液故障（拆解）		0.8
37		自动变速器打滑	工作油压不足	油泵故障	0.7
38				油量不足	0.6
39				变速器滤清器堵塞	0.5
40			零件磨损过度	机械磨损	0.5
41				控制阀体故障	0.8
42		自动变速器漏油	向外漏油（密封、变形）		0.7
43			散热器、油管漏油		0.5
44		分动器切换异常	电磁阀故障		1
45			分动器离合器故障		1
46			手动操纵机构故障		0.5
47			开关、控制模块、传感器等电路故障		1
48		半轴（传动轴）异响	球笼及万向节磨损		0.5
49			伸缩节磨损		0.6
50			润滑不良		0.4
51			中间支撑点故障		0.5
52			固定件松动或未安装到位		0.3
53		半轴（传动轴）抖动	磨损过度		0.5
54			动平衡不良		1.5

续上表

序号	分类	故障现象	诊断项目	工时，h
55	传动系统	驱动桥异响	内部(齿轮、轴承、摩擦片等)异响(拆解)	4
56			润滑不良	3
57			啮合间隙异常	4
58		驱动桥漏油	密封件老化	0.5
59			接触面变形	1
60			通气孔堵塞	0.5
61	转向系统	转向沉重	车轮定位异常	1
62			转向助力(含转向机)异常	1
63			轮胎异常	0.5
64			悬架故障	2
65			转向柱(含十字节)异常	1
66			电动助力转向系统模块、传感器、执行器及线路故障	0.8
67		行驶时转向盘抖动	轮胎或轮辋故障	1
68			前、后轮轴承故障	1
69			制动盘故障	0.9
70			半轴(传动轴)故障	1.2
71			车轮定位异常	1
72			悬架故障	2
73			发动机故障(抖动)	0.5
74		转向异响	液压助力系统异响	0.5
75			转向柱(含十字节、安全气囊螺旋线圈)异响	1
76			转向机故障	1.5
77			拉杆球头故障	0.5

续上表

序号	分类	故障现象	诊断项目	工时, h
78	转向系统	转向异响	悬架支撑轴承故障	1
79			轴承松旷	0.5
80		转向松旷	转向机间隙异常	1
81			拉杆球头松旷	0.9
82			十字节松旷	1
83			悬架故障	2
84		液压助力系统漏油	元器件损坏(含泵体、转向机、散热器)	1
85			密封件老化	1
86			油管漏油	0.8
87	行驶系统	方向跑偏	车轮定位异常	1
88			轮胎异常	0.5
89			制动异常	2
90			半轴异常	2.5
91			悬架故障	2
92		轮胎异常磨损	车轮定位异常	1
93			轮胎异常(含气压)	1
94			行驶路况差	0.5
95		轮胎压力报警	气压不正常	0.1
96			接收模块及线路故障	0.5
97			轮胎压力传感器故障	0.5
98			电磁干扰	1.6
99			自诊断系统故障	0.5
100			拆装轮胎后未对胎压监测系统进行自学习	0.5

续上表

序号	分类	故障现象	诊断项目	工时,h
101	行驶系统	前(后)悬架松旷异响	轴承、减振器异常	1
102			异常磨损	1.5
103			缓冲件老化	1
104			电控悬架异常	2
105		前(后)减振器漏油	密封圈渗油	0.2
106		电控悬架不工作,车身高度不一致	信号失真	0.5
107			传感器、执行器及线路故障	1
108			控制模块及线路故障	1.5
109			轮胎异常	0.2
110			漏气(漏油)	0.9
111	制动系统	制动跑偏	左右制动力不均匀	1
112			车轮定位异常	1
113			悬架故障	2
114			轮胎异常磨损	0.5
115			制动轮缸回位不良	0.6
116		制动异响	制动摩擦片故障	0.5
117			制动盘(含制动鼓)故障	0.5
118			卡钳(导销)异常	1
119			制动助力系统故障	1
120			操纵机构故障	0.5
121			异物卡滞	0.5
122		制动时抖动	制动盘(鼓)故障	1
123			制动摩擦片故障	1

续上表

序号	分类	故障现象	诊断项目	工时, h
124	制动系统	制动时抖动	前、后轮轴承故障	0.9
125			悬架故障	2
126			防抱死制动系统（ABS）异常	1
127		制动效果差（软、硬）	助力效果差	1
128			制动液异常（有气或水）	1.5
129			制动摩擦片、制动盘、制动鼓故障	1
130		制动卡滞（发咬）	制动轮缸、制动主缸回位异常	1
131			制动液型号不对	0.9
132			自由行程太小	0.5
133			拉索卡滞	0.5
134			真空助力器异常	1
135		制动摩擦片（或制动盘）异常磨损	制动轮缸、制动主缸回位异常	1.1
136			导销卡滞	1
137			拉索卡滞	0.5
138		制动系统漏油	制动轮缸、制动主缸漏油	1
139			制动液型号不正确	1
140			油管漏油	0.5
141		机械驻车制动或电子驻车制动失效	驻车制动器拉杆或拉线故障	0.5
142			驻车制动蹄摩擦片、制动轮缸或后制动鼓异常（单侧）	0.5
143			驻车制动开关故障	0.3
144			线路故障	1
145			驻车制动控制模块故障	1
146			驻车制动执行器、制动轮缸故障（单侧）	0.5

续上表

序号	分类	故障现象	诊断项目	工时,h
147	制动系统	防抱死制动系统(ABS)/车身电子稳定控制系统(ESP)故障灯亮	轮速传感器、信号盘异常	0.9
148			线路异常	1
149			安装位置(间隙)不正常	0.9
150			模块故障	1
151			电磁干扰	2

3.燃料乘用车车身电器故障诊断工时定额

序号	分类	故障现象	诊断项目	工时,h
1	灯光	车灯不亮(前照灯、转向灯、倒车灯、示廓灯、制动灯、雾灯等)	灯泡损坏	0.1
2			继电器(含熔断丝)故障	0.2
3			线路故障	0.5
4			开关故障	0.5
5			前照灯模块故障	1
6			自动灯信号异常	0.5
7			自动灯模块故障	1
8		车灯(前照灯)亮度不够	线路故障	0.5
9			灯泡损坏	0.1
10			反光板异常	0.1
11			灯罩异常	0.1
12		前照灯照射位置不正常	原因排查	0.1
13		自动感应灯不工作	线路故障	1
14			传感器故障	0.5

续上表

序号	分类	故障现象	诊断项目		工时，h
15	灯光	自动感应灯不工作	前风窗玻璃（含贴膜）异常		0.5
16			模块故障		1
17	刮水器（含前照灯刮水器）	刮水器不工作	继电器、熔断丝、线路故障		0.2
18			刮水器开关故障		1
19			刮水器联动机构故障		1
20			刮水器电动机故障		0.8
21			前风窗玻璃（含贴膜）异常		0.2
22			雨量感应系统故障		0.5
23		刮不干净	刮水器刮片损坏		0.1
24			安装位置不正确		0.2
25			附着油污		0.1
26		刮水器不喷水	缺水		0.1
27			漏（堵）	刮水器壶漏（堵）	0.2
28				喷嘴和管路漏（堵）	0.2
29			刮水器电动机故障		0.3
30			刮水器开关及其线路故障		0.8
31		刮水器喷水位置不对	喷嘴角度不正确		0.1
32			压力异常	喷水管路堵塞	0.2
33				喷水电动机故障	0.3

续上表

序号	分类	故障现象	诊断项目	工时,h
34	刮水器(含前照灯刮水器)	刮水器回位不准确	回位开关故障	0.5
35			刮水器电动机故障	0.5
36			机械卡滞	0.5
37			线路故障	0.6
38		刮水器挡位(速度)异常	刮水器电动机故障	0.5
39			刮水器开关故障	0.5
40	车窗	天窗漏水	排水管路堵塞	0.2
41			密封件老化	0.2
42			天窗变形	0.2
43		天窗不工作	天窗控制开关故障	0.5
44			天窗电动机故障	0.5
45			线路故障	1
46		车窗升降异常	车窗升降控制开关故障	0.5
47			车窗升降器电动机故障	0.8
48			线路故障	0.8
49			升降联动机构故障	0.5
50			门窗密封条损坏	0.3
51		后风窗玻璃不除霜(雾)	除霜开关、线路故障	0.8
52		车窗升降异响	升降联动机构故障	0.5
53			密封条损坏	0.3
54			车窗升降器电动机故障	0.8
55			车窗变形	0.6

续上表

序号	分类	故障现象	诊断项目	工时，h
56	后视镜	车外后视镜不能调整；车外后视镜不能折叠；车外后视镜不除霜（雾）；车内后视镜功能异常	后视镜控制开关故障	0.5
57			车外后视镜电动机故障	0.6
58			线路故障	0.6
59			车外后视镜加热元件故障	0.5
60			模块故障	1
61	喇叭	喇叭不响；喇叭声音异常	喇叭故障	0.1
62			开关故障	0.5
63			安全气囊螺旋线圈故障	0.5
64			线路故障	0.5
65	门锁	车门（含前后盖）无法打开或关闭；车门无法解（闭）锁	锁机故障	1
66			联动机构（含把手）故障	0.5
67			开关、线路、模块故障	1
68			自动门（含尾门）系统异常	1
69		遥控功能失效（或智能进入功能失效）	遥控器（含电池）故障	0.5
70			接收器（含天线）故障	0.5
71			电磁干扰	0.8
72			贴膜的影响（信号屏蔽）	0.5
73			线路、模块故障	1
74		燃油箱盖不能打开	拉索损坏	0.4
75			线路故障	0.5
76			电磁阀或燃油箱盖锁电动机故障	0.6

续上表

序号	分类	故障现象	诊断项目	工时, h
77	门锁	燃油箱盖不能打开	开关信号异常	0.5
78	座椅	电动座椅无法调整; 座椅不加热	开关故障	0.5
79			座椅电动机故障	0.6
80			线路故障	1
81			座椅加热器损坏	0.5
82			模块故障	1
83	安全气囊和安全带	安全气囊故障灯亮	螺旋线圈故障	0.5
84			传感器(含安全带)故障	0.5
85			模块故障	1
86			线路故障	1
87			安全气囊故障	1
88		安全带无法惯性锁止; 安全带拉伸(卷收)不正常	安全带故障	0.2
89			安全带安装位置不正确	0.3
90	停车辅助系统	停车辅助系统不工作; 停车辅助系统误报警	探头安装位置不正确	0.3
91			线路故障	1
92			开关故障	0.5
93			探头故障	0.5
94			模块故障	1

续上表

序号	分类	故障现象	诊断项目	工时, h
95	自动停车系统	自动停车系统不工作	车速不满足	0.2
96			线路故障	1
97			开关故障	0.3
98			电子稳定控制系统故障	1
99			停车辅助系统故障	1
100	360°全景影像系统	全景影像系统工作异常	线路故障	1
101			摄像头故障	0.5
102			全景影像系统控制器故障	1
103	驾驶辅助系统	自动制动系统不可用	前向摄像头故障	0.5
104			毫米波雷达故障	0.5
105			线路故障	1
106			模块故障	1
107			制动系统相关部件故障	1
108		车道保持/偏离警告系统、前方碰撞警告系统不工作或工作异常	前向摄像头故障	0.5
109			座椅振动电动机故障	0.5
110			音响娱乐系统故障	0.5
111			开关故障	0.3
112			线路故障	1
113			横向偏摆率传感器故障	0.5
114			电动助力转向系统故障	1
115		侧盲区警告不工作	传感器故障	0.5

续上表

序号	分类	故障现象	诊断项目	工时，h
116	驾驶辅助系统	侧盲区警告不工作	线路故障	1
117			控制模块故障	1
118			车外后视镜故障	0.5
119	行人保护系统	行人碰撞检测系统报警	气囊模块故障	1
120			传感器故障	0.5
121			执行器故障	0.5
122	巡航系统	巡航系统（不工作）故障灯亮	外部请求信号失真	0.5
123			巡航控制开关故障	0.5
124			线路故障	1
125			执行器故障	0.9
126			模块故障	1
127			车道辅助功能失效	1.1
128			盲区检测功能失效	1
129			测距雷达故障	0.9
130	车内电源	车内电源（点烟器）不正常	熔断丝损坏	0.1
131			线路故障	0.5
132			车内电源（点烟器）故障	0.2
133			外加负载	0.1
134	组合仪表	组合仪表不亮	组合仪表电路故障	1
135			组合仪表故障	0.8
136		组合仪表个别灯不亮	组合仪表对应部分电路故障	1

续上表

序号	分类	故障现象	诊断项目	工时，h
137	音响和娱乐系统	黑屏/花屏/闪屏；触摸屏触摸无反应/卡滞；无声音；功能不正常；无网络；定位不准确	音响和娱乐系统主机软件故障	0.5
138			音响和娱乐系统主机硬件故障	0.5
139			其他方面的故障	0.5
140	空调系统	空调不制冷	空调压缩机故障	0.5
141			制冷剂缺失	0.2
142			膨胀阀、节流管故障	0.6
143			熔断丝、继电器损坏	0.2
144			输入信号失真	0.5
145			能量管理系统异常	1.1
146			线路故障	1
147			风门控制元件故障	1.2
148			控制开关及模块故障（含面板）	1
149		空调不制热	暖风开关故障	0.5
150			暖风水箱故障	0.8
151			冷却液不足	0.1
152			控制电路故障（含面板）	0.5
153			节温器故障	0.5
154			冷却系统有空气	0.5
155			风门控制元件故障	1

续上表

序号	分类	故障现象	诊断项目	工时，h
156	空调系统	空调不制热	暖风水管故障（含分水阀）	0.3
157			控制开关及模块故障（含面板）	1
158		空调制冷（制热）效果不良；空调忽冷忽热	温控执行元件故障	0.5
159			蒸发器结霜（含管路）	1
160			制冷剂型号不正确	0.7
161			冷冻油异常	0.7
162			压力开关异常	0.5
163			蒸发器温度传感器故障	0.5
164			散热风扇故障	0.5
165			散热不良	0.5
166		空调送风模式不正常；空调风速不正常	控制电路故障	1
167			风门故障（含内外循环）	0.5
168			鼓风机故障	0.5
169			调速装置故障	0.9
170			空调滤清器脏堵	0.4
171			控制开关及模块故障（含面板）	1
172			风道异常	1
173		空调系统泄漏（油、气）	压缩机泄漏	0.9
174			管路泄漏	0.8
175			冷凝器泄漏	0.8

续上表

序号	分类	故障现象	诊断项目	工时，h
176	空调系统	空调系统泄漏（油、气）	干燥器（储液罐）泄漏	0.7
177			膨胀阀泄漏	1
178			蒸发器泄漏	1.1
179		空调异响	压缩机响	0.4
180			管路异响	0.5
181			膨胀阀异响	0.5
182			鼓风机异响	0.4
183			风道异响（含风道内异物）	0.5
184	其他	车内异味	风道脏	0.4
185			暖风水箱泄漏	0.8
186			蒸发器泄漏	1
187			空调箱内积水	0.5
188			空调滤清器脏	0.4
189			车内浸水	0.5
190			车内异物（含食品、饮料、香水等）	0.3
191			内外风门不正常	0.5
192			燃油箱密封不良	0.8
193			排气泄漏	0.8

4.燃料乘用车污染物排放超标诊断工时定额

<table>
<tr><th>序号</th><th>类型</th><th>污染物排放测试不合格项目</th><th>诊断项目</th><th colspan="2">工时，h</th></tr>
<tr><td>1</td><td rowspan="7">点燃式发动机</td><td>一氧化碳（CO）</td><td rowspan="4">混合气浓度故障
氧传感器故障
空气流量传感器（压力传感器）故障
进、排气不畅（含漏气）
点火及喷油故障
三元催化转换器故障
曲轴箱通风装置故障
配气相位及气门间隙故障
积炭故障</td><td>1.5</td><td rowspan="4">1.5</td></tr>
<tr><td>2</td><td>碳氢化合物（HC）</td><td>1.5</td></tr>
<tr><td>3</td><td>氮氧化合物（NO_x）</td><td>1.5</td></tr>
<tr><td>4</td><td>过量空气系数λ</td><td>1.5</td></tr>
<tr><td>5</td><td>OBD检测未就绪</td><td>查看当前故障代码和历史故障代码
车辆热机循环状态
车辆行驶循环状态
大气压力状态</td><td colspan="2">0.5</td></tr>
<tr><td>6</td><td>燃油蒸发系统</td><td>燃油加注口不密封
活性炭罐故障
连接管路故障
燃油箱故障
燃油泵上盖不密封</td><td colspan="2">0.5</td></tr>
<tr><td>7</td><td>颗粒物排放</td><td>颗粒捕集器（DPF）故障
压差传感器故障
排气温度传感器故障
涡轮增压器故障</td><td colspan="2">0.5</td></tr>
</table>

续上表

序号	类型	污染物排放测试不合格项目	诊断项目	工时，h
8	压燃式发动机	最大轮边功率（kW）	喷油器故障 供油压力不足 汽缸压力不足 进、排气不畅故障	1
9		烟度（颗粒物）超标光吸收系数（m^{-1}）或不透光度（%）	喷油器及喷油正时故障 EGR阀故障 颗粒捕集器（DPF）故障 氧化催化器（DOC）故障 颗粒物催化氧化器（POC）故障 压差传感器故障 排气温度传感器故障 再生系统故障 涡轮增压系统故障	1.5
10		氮氧化合物（NO_x）	选择性催化还原催化器（SCR）故障 氨逃逸催化器（ASC）故障 尿素喷射故障 氮氧传感器故障 排气温度传感器故障 喷油时刻不正确 EGR阀故障	1.5
11		车载自动诊断系统（OBD）检测未就绪	查看历史故障代码和当前故障代码 车辆热机循环状态检查 车辆行驶循环状态检查 大气压力状态检查	0.5

备注：序号1~4的工时数值与右列一致，表示单项诊断与多项诊断的工时定额相同。

二、新能源乘用车(纯电动)故障诊断工时定额

1.新能源乘用车三电系统故障诊断工时定额

序号	故障现象	诊断项目	工时,h
1	车辆无法上高压电	低压蓄电池故障	0.2
2		整车控制器故障	1
3		绝缘故障	1
4		高压互锁电路故障	1
5		主负继电器、主正继电器损坏	0.5
6		预充电路故障	0.5
7		电池管理控制器故障	1
8		动力蓄电池总成损坏	1
9	车辆无法充电(直流)	直流充电口损坏	0.8
10		高压配电箱故障	0.8
11		电池管理控制器故障	1
12		线束故障	0.5
13	车辆无法充电(交流)	交流充电口损坏	0.8
14		车载充电机损坏	1
15		高压配电箱故障	0.8
16		电池管理控制器故障	1
17		线束故障	0.5

续上表

<table>
<tr><th>序号</th><th>故障现象</th><th colspan="2">诊断项目</th><th>工时，h</th></tr>
<tr><td>18</td><td rowspan="5">车辆无法行驶</td><td rowspan="2">驱动电机控制系统不工作</td><td>线路故障</td><td>1</td></tr>
<tr><td>19</td><td>驱动电机控制器故障</td><td>1</td></tr>
<tr><td>20</td><td colspan="2">电池管理控制器故障</td><td>1</td></tr>
<tr><td>21</td><td colspan="2">动力蓄电池总成损坏</td><td>1</td></tr>
<tr><td>22</td><td colspan="2">驱动电机故障</td><td>1</td></tr>
</table>

2.新能源乘用车底盘故障诊断工时定额

见燃料乘用车底盘故障诊断工时定额（第21页）。

3.新能源乘用车车身电器故障诊断工时定额

新能源乘用车（纯电动）空调系统故障诊断工时定额如下，其他项目见燃料乘用车车身电器故障诊断工时定额（第28页）。

序号	故障现象	诊断项目	工时，h
1	空调不制冷	冷凝器脏污堵塞	0.3
2		冷却液不足	0.1
3		制冷剂不足或过多	0.2
4		空调控制单元软件故障	0.5
5		线路故障（高压部分、低压部分）	1
6		散热风扇故障	0.5
7		传感器故障	0.5
8		电子冷却液泵故障	0.5

续上表

序号	故障现象	诊断项目	工时，h
9	空调不制冷	电子膨胀阀故障	0.5
10		空调管路故障	1
11		电动空调压缩机故障	1.2
12		空调控制面板故障	1
13		空调控制单元硬件故障	1
14	空调不制热	冷却液不足	0.1
15		空调控制单元软件故障	0.5
16		电控线束故障	1
17		传感器故障	0.5
18		电子冷却液泵故障	0.5
19		采暖水加热器故障	0.6
20		暖风水箱故障	1
21		空调控制面板故障	1
22		空调控制单元硬件故障	1
23	空调制冷（制热）效果不良；空调忽冷忽热	温控执行元件故障	0.5
24		蒸发器结霜（含管路）	1
25		制冷剂型号不正确	0.7
26		冷冻油异常	0.7
27		制冷剂压力传感器故障	0.5
28		蒸发器温度传感器故障	0.5

续上表

序号	故障现象	诊断项目	工时，h
29	空调制冷（制热）效果不良；空调忽冷忽热	散热风扇故障	0.5
30		散热不良	0.5
31	空调送风模式不正常；空调风速不正常	控制电路故障	1
32		风门故障（含内外循环）	0.5
33		鼓风机故障	0.5
34		调速装置故障	0.9
35		空调滤清器脏堵	0.4
36		控制开关及模块故障（含面板）	1
37		风道异常	1
38	空调系统泄漏（油、气）	电动空调压缩机泄漏	0.9
39		空调管路泄漏	0.8
40		冷凝器泄漏	0.8
41		电子膨胀阀泄漏	1
42		蒸发器泄漏	1.1
43	空调异响	电动空调压缩机响	0.4
44		空调管路异响	0.5
45		电子膨胀阀异响	0.5
46		鼓风机异响	0.4
47		风道异响（含风道内异物）	0.5

第三章　乘用车机电修理作业工时定额

一、燃料乘用车机电修理作业工时定额

1.燃料乘用车发动机修理作业工时定额

<table>
<tr><th rowspan="2">序号</th><th rowspan="2">分类</th><th rowspan="2">修理项目</th><th colspan="4">工时，h</th></tr>
<tr><th colspan="2">直列4缸</th><th colspan="2">V形6缸</th></tr>
<tr><td>1</td><td rowspan="15">曲柄连杆机构</td><td>更换连杆轴承*</td><td>24</td><td rowspan="6">24</td><td>28</td><td rowspan="6">28</td></tr>
<tr><td>2</td><td>更换连杆*</td><td>24</td><td>28</td></tr>
<tr><td>3</td><td>更换曲轴轴承*</td><td>24</td><td>28</td></tr>
<tr><td>4</td><td>更换曲轴*</td><td>24</td><td>28</td></tr>
<tr><td>5</td><td>更换推力轴承*</td><td>24</td><td>28</td></tr>
<tr><td>6</td><td>更换活塞、活塞环*</td><td>24</td><td>28</td></tr>
<tr><td>7</td><td>更换曲轴前油封</td><td colspan="2">4</td><td colspan="2">4.5</td></tr>
<tr><td>8</td><td>更换曲轴后油封</td><td colspan="2">9</td><td colspan="2">10</td></tr>
<tr><td>9</td><td>更换飞轮或齿圈</td><td colspan="2">9</td><td colspan="2">10</td></tr>
<tr><td>10</td><td>更换曲轴皮带盘</td><td colspan="2">2</td><td colspan="2">2.2</td></tr>
<tr><td>11</td><td>更换曲轴位置传感器</td><td colspan="2">0.5</td><td colspan="2">0.5</td></tr>
<tr><td>12</td><td>更换汽缸体*</td><td colspan="2">26</td><td colspan="2">31</td></tr>
<tr><td>13</td><td>更换平衡轴</td><td colspan="2">8</td><td colspan="2">8</td></tr>
<tr><td>14</td><td>更换汽缸盖（直列或V形单侧）</td><td>8</td><td rowspan="2">8</td><td>8</td><td rowspan="2">8</td></tr>
<tr><td>15</td><td>更换汽缸垫（直列或V形单侧）</td><td>8</td><td>8</td></tr>
</table>

续上表

<table>
<tr><th rowspan="2">序号</th><th rowspan="2">分类</th><th rowspan="2">修理项目</th><th colspan="4">工时，h</th></tr>
<tr><th colspan="2">直列4缸</th><th colspan="2">V形6缸</th></tr>
<tr><td>16</td><td rowspan="2">曲柄连杆机构</td><td>更换汽缸盖（V形双侧）</td><td colspan="2">—</td><td>12</td><td rowspan="2">12</td></tr>
<tr><td>17</td><td>更换汽缸垫（V形双侧）</td><td colspan="2">—</td><td>12</td></tr>
<tr><td>18</td><td rowspan="18">配气机构</td><td>更换及研磨气门（多气门）*</td><td>8</td><td rowspan="4">8</td><td>9.5</td><td rowspan="4">9.5</td></tr>
<tr><td>19</td><td>更换气门油封*</td><td>8</td><td>9.5</td></tr>
<tr><td>20</td><td>更换气门导管*</td><td>8</td><td>9.5</td></tr>
<tr><td>21</td><td>更换气门弹簧及座圈、锁片*</td><td>8</td><td>9.5</td></tr>
<tr><td>22</td><td>更换液压挺杆（顶置）</td><td colspan="2">4</td><td colspan="2">4.5</td></tr>
<tr><td>23</td><td>更换液压挺杆（下置）</td><td colspan="2">8</td><td colspan="2">10</td></tr>
<tr><td>24</td><td>更换摇臂</td><td colspan="2">4</td><td colspan="2">4.5</td></tr>
<tr><td>25</td><td>更换凸轮轴（直列或V形单侧）</td><td colspan="2">4</td><td colspan="2">4</td></tr>
<tr><td>26</td><td>更换凸轮轴油封（直列或V形单侧）</td><td colspan="2">3</td><td colspan="2">3</td></tr>
<tr><td>27</td><td>更换凸轮轴轴瓦（直列或V形单侧）</td><td colspan="2">6</td><td colspan="2">8</td></tr>
<tr><td>28</td><td>调整气门间隙</td><td colspan="2">2</td><td colspan="2">2</td></tr>
<tr><td>29</td><td>更换可变气门正时（VVT）机构（直列或V形单侧）</td><td colspan="2">4</td><td colspan="2">4.5</td></tr>
<tr><td>30</td><td>更换可变气门正时（VVT）电磁阀（直列或V形单侧）</td><td colspan="2">1</td><td colspan="2">1</td></tr>
<tr><td>31</td><td>更换正时齿轮</td><td colspan="2">4</td><td colspan="2">4.8</td></tr>
<tr><td>32</td><td>更换正时链条</td><td>4</td><td rowspan="3">4</td><td>4.8</td><td rowspan="3">4.8</td></tr>
<tr><td>33</td><td>更换正时链条张紧器</td><td>4</td><td>4.8</td></tr>
<tr><td>34</td><td>更换正时链条导板</td><td>4</td><td>4.8</td></tr>
<tr><td>35</td><td>更换正时链条罩盖</td><td colspan="2">3</td><td colspan="2">3.5</td></tr>
</table>

续上表

序号	分类	修理项目	工时，h	
			直列4缸	V形6缸
36	配气机构	更换正时齿形带	2	2
37		更换凸轮轴皮带盘（直列或V形单侧）	2	2.2
38		更换凸轮轴位置传感器（直列或V形单侧）	0.5	0.5
39		调整配气相位	2	2
40	起动系统	更换12V蓄电池	0.5	0.5
41		更换48V蓄电池	0.5	0.5
42		更换蓄电池电流传感器	0.5	0.5
43		更换发电机	1	1
44		更换起动机	1	1
45		更换正、负极线束	0.5	0.5
46		更换起动继电器	0.1	0.1
47		更换熔断丝	0.1	0.1
48		更换点火开关	1	1
49		更换变速器挡位开关（外置）	1.5	1.5
50		更换变速器挡位开关（内置）	6	6
51		更换离合器踏板开关	0.5	—
52	进、排气系统	更换进气歧管及衬垫（直列或V形单侧）	2	2.3
53		更换进气歧管风门电位计	0.5	0.5
54		更换排气歧管及衬垫（直列或V形单侧）	2	2.3
55		清洗节气门体	0.5	0.5
56		更换节气门体	0.5	0.5

续上表

序号	分类	修理项目	工时，h	
			直列4缸	V形6缸
57	进、排气系统	更换节气门位置传感器	0.6	0.6
58		更换空气流量传感器	0.5	0.5
59		更换进气温度传感器	0.5	0.5
60		更换进气压力传感器	0.5	0.5
61		更换前氧传感器（直列或V形单侧）	0.6	0.6
62		更换后氧传感器（直列或V形单侧）	0.6	0.6
63		更换二次空气泵	0.5	0.5
64		更换三元催化转换器（直列或V形单侧）	1	1
65		更换消声器	0.5	0.5
66		更换空气滤清器	0.2	0.2
67		更换空气滤清器外壳或气管	0.4	0.4
68		清洗或更换废气再循环（EGR）阀	0.8	0.8
69		更换废气再循环（EGR）冷却器（柴油机）	3	3
70		更换废气涡轮增压器	1.4	1.4
71		更换增压压力调节器	0.5	0.5
72		更换增压压力调节电磁阀	0.5	0.5
73		更换电动增压压力调节器	0.6	1
74		更换涡轮增压器循环空气阀	0.5	0.5
75		更换增压空气冷却器	0.6	0.6
76		更换涡轮增压器散热器	0.8	0.8
77		更换涡轮增压器冷却泵	0.7	0.7

续上表

序号	分类	修理项目	工时, h	
			直列4缸	V形6缸
78	进、排气系统	更换机械增压器	2	4
79		更换增压空气压力/温度传感器	0.5	0.5
80		更换进气歧管绝对压力传感器	0.5	0.5
81		更换曲轴箱通风阀	0.6	0.6
82		更换排气管吊耳	0.2	0.2
83		更换排气管接口垫	0.5	0.5
84		更换颗粒捕集器	1	1
85		更换压差传感器	0.5	0.5
86		更换压差传感器连接管	0.5	0.5
87		更换排气温度传感器	0.5	0.5
88	供油系统	更换喷油器(缸外喷射)	0.5	0.8
89		更换喷油器(缸内直喷1只)	1	1.2
90		更换喷油器(缸内直喷1套)	2	2.5
91		更换低压燃油泵	0.8	0.8
92		更换燃油压力调节器	0.8	0.8
93		更换燃油液位传感器	0.8	0.8
94		更换低压燃油压力传感器	0.5	0.5
95		更换高压油泵(含燃油压力调节阀)	0.7	0.7
96		更换高压燃油压力传感器	0.5	0.5
97		更换活性炭罐	0.8	0.8
98		更换活性炭罐电磁阀	0.3	0.3

续上表

序号	分类	修理项目	工时, h	
			直列4缸	V形6缸
99	供油系统	更换活性炭罐通风电磁阀	0.3	0.3
100		更换活性炭罐连接管	0.3	0.3
101		更换燃油箱压力传感器	0.3	0.3
102		更换燃油加注口（管）	1	1
103		更换燃油滤清器（内置）	0.8	0.8
104		更换燃油滤清器（外置）	0.3	0.3
105		更换燃油箱	2	2
106		更换燃油管	1	1
107		调校柴油喷油泵	3.5	3.5
108		调校柴油喷油器	1.2	1.2
109		更换手油泵	1	1
110		更换柴油粗滤器	0.3	0.3
111		更换柴油细滤器	0.5	0.5
112		更换油水分离器	0.5	0.5
113		更换进油计量比例阀（柴油机）	0.5	0.5
114		更换油轨压力传感器（柴油机）	0.3	0.3
115	点火系统	更换点火线圈	0.2	0.3
116		更换火花塞（1组）	0.5	0.8
117		更换火花塞（位置特殊）	1	2
118		更换爆震传感器	0.5	0.7

续上表

序号	分类	修理项目	工时，h	
			直列4缸	V形6缸
119	冷却系统	更换散热器	2	2
120		焊补散热器	0.8	0.8
121		散热器外部清洗	0.5	0.5
122		散热器内部清洗	1	1
123		更换膨胀水壶	0.5	0.5
124		更换水管（1根）	0.5	0.5
125		更换冷却液泵	1	1.2
126		更换节温器（普通）	0.8	1
127		更换电控节温器	0.8	1
128		更换暖风水箱	4.2	4.4
129		更换冷却液	0.5	0.5
130		更换散热风扇	0.5	0.5
131		更换热敏开关	0.5	0.5
132		更换冷却液温度传感器	0.5	0.5
133		更换冷却液液位传感器	0.5	0.5
134		排空气	0.5	0.6
135	润滑系统	更换机油泵及集滤器	1.5	2
136		更换机油泵及集滤器（曲轴上）	8	8
137		更换机油、机油滤清器	0.5	0.5
138		更换加油口盖	0.1	0.1
139		更换机油标尺及导管	0.3	0.3
140		更换油底壳及衬垫	1	1
141		更换气门室盖及密封垫	0.8	1

续上表

序号	分类	修理项目	工时，h	
			直列4缸	V形6缸
142	润滑系统	更换机油散热器	0.5	0.5
143		更换机油压力开关	0.5	0.5
144		更换机油压力传感器	0.5	0.5
145		更换机油油位传感器	0.7	0.7
146		更换机油温度传感器	0.7	0.7
147		更换机油压力调节阀	0.7	0.7
148		更换活塞冷却喷嘴	2	4
149	其他	更换钥匙（含匹配）	1.2	1.2
150		更换识读线圈（含匹配）	1.2	1.2
151		更换防盗模块（含匹配）	1.2	1.2
152		更换张紧轮	0.6	0.7
153		更换外部传动皮带	0.5	0.5
154		更换发动机支撑垫	0.5	0.5
155		更换电动液压发动机支座电磁阀	1	1
156	发动机总成	拆装发动机总成	8	9.5
157		更换发动机总成	12	14
158		发动机总成修理	48	56

备注：1.序号1～6，序号14～21，序号32～34的工时数值与右列一致，表示单项修理与多项修理的工时定额相同。

2.对于直列发动机，加“*”项目工时定额以4缸发动机为基础，3缸发动机下浮20%，5缸发动机上浮20%；对于V形发动机，加“*”项目工时定额以6缸发动机为基础，每增加一对汽缸，上浮30%。

2.燃料乘用车底盘修理作业工时定额

<table>
<tr><th>序号</th><th>分类</th><th>修理项目</th><th colspan="2">工时，h</th></tr>
<tr><td>1</td><td rowspan="22">传动系统</td><td>更换离合器片</td><td colspan="2">4</td></tr>
<tr><td>2</td><td>更换离合器压盘</td><td colspan="2">4</td></tr>
<tr><td>3</td><td>更换飞轮</td><td colspan="2">5</td></tr>
<tr><td>4</td><td>更换分离轴承</td><td colspan="2">4</td></tr>
<tr><td>5</td><td>更换分离轴承座</td><td colspan="2">4.5</td></tr>
<tr><td>6</td><td>更换离合器工作缸</td><td colspan="2">1</td></tr>
<tr><td>7</td><td>更换离合器主缸</td><td colspan="2">1</td></tr>
<tr><td>8</td><td>更换离合器拉线</td><td colspan="2">0.9</td></tr>
<tr><td>9</td><td>调整离合器自由行程</td><td colspan="2">0.2</td></tr>
<tr><td>10</td><td>更换离合器液压油</td><td colspan="2">0.5</td></tr>
<tr><td>11</td><td>更换手动变速器</td><td colspan="2">4</td></tr>
<tr><td>12</td><td>更换变速器外部联动机构</td><td colspan="2">1</td></tr>
<tr><td>13</td><td>更换变速器支架及胶垫</td><td colspan="2">0.3</td></tr>
<tr><td>14</td><td>拆装分解手动变速器</td><td>20</td><td rowspan="3">20</td></tr>
<tr><td>15</td><td>更换内部齿轮及同步器</td><td>20</td></tr>
<tr><td>16</td><td>更换变速器内部轴承</td><td>20</td></tr>
<tr><td>17</td><td>更换变速器前油封</td><td colspan="2">5</td></tr>
<tr><td>18</td><td>更换变速器后油封</td><td colspan="2">0.8</td></tr>
<tr><td>19</td><td>更换手动变速器油</td><td colspan="2">0.8</td></tr>
<tr><td>20</td><td>拆装、更换传动轴</td><td colspan="2">1</td></tr>
<tr><td>21</td><td>更换传动轴万向节</td><td colspan="2">1.5</td></tr>
<tr><td>22</td><td>更换传动轴中间支撑（轴承）</td><td colspan="2">1</td></tr>
</table>

续上表

序号	分类	修理项目	工时，h
23	传动系统	更换差速器前油封	2
24		拆装、更换后驱动桥组件	4
25		拆装、更换后差速器外壳盖	0.5
26		更换主动齿轮密封件	0.5
27		更换后半轴密封件	0.5
28		更换半轴	1
29		更换内部等速万向节防尘罩	2
30		更换外部等速万向节防尘罩	2
31		更换四驱控制开关	0.5
32		更换四驱控制电磁阀	0.5
33		检修四驱控制电路	1
34		更换四驱控制模块	1
35		更换分动器离合器	5
36		更换四驱传感器	0.5
37		更换分动器油封	1.5
38		修理 / 更换四驱操纵机构	1
39		更换分动器	2
40		拆卸、维修分动器	8
41		更换自动变速器油（重力换油）	1
42		更换自动变速器油（循环换油）	2
43		更换自动变速器散热器	1
44		更换阀体（含编程）	4

续上表

序号	分类	修理项目	工时，h
45	传动系统	更换自动变速器	4
46		拆装解体自动变速器	12
47		清洗变速器	2
48		更换变速器油底壳	0.5
49		更换变速器尾盖	1
50		更换变速器中壳	4
51		更换变速器头壳	1
52		更换液力变矩器	6
53		更换输入转速传感器	0.5
54		更换输出转速传感器	0.5
55		更换自动变速器油（ATF）温度传感器	0.5
56		更换电磁阀	1.5
57		更换变速器挡位开关	1.5
58		自动变速器修理	20
59	转向系统	更换动力转向泵	1.5
60		调整转向机间隙	1
61		调整转向盘角度	0.5
62		更换储液罐	0.5
63		更换动力转向油管	2
64		更换转向机	3
65		更换横拉杆	1.5

续上表

序号	分类	修理项目	工时，h
66	转向系统	更换转向管柱	2
67		更换转向盘	0.5
68		更换转向柱电动机	1
69		更换转向盘多功能开关	1
70		更换转向机防尘罩	1.5
71		更换平衡杆吊杆	1
72		更换平衡杆球头	1
73		更换加热转向盘模块	0.5
74		更换转向管柱控制模块（转向盘模块）	0.5
75		更换转向柱锁模块	1
76		更换转向盘转角传感器(安全气囊螺旋线圈）	1
77		更换转向柱锁和点火开关壳体	2
78	行驶系统	更换横向稳定杆	2
79		更换横向稳定杆连接杆	1
80		更换减振器或弹簧组件	2
81		更换平面轴承或顶胶	2
82		更换前轮轴承或轮毂	2
83		更换后轮轴承	1
84		更换后轮油封	1
85		更换下控制臂	1.1
86		更换上控制臂	1.1

续上表

序号	分类	修理项目	工时，h
87	行驶系统	调整前束	0.5
88		更换车轮转向节	3
89		更换高度传感器	0.5
90		更换加速度传感器	0.5
91		更换悬架空气（液压）泵	2.5
92		更换前空气减振器执行器（每只）	0.7
93		更换后空气减振器执行器（每只）	0.7
94		更换前液压减振器执行器（每只）	1
95		更换后液压减振器执行器（每只）	1
96		更换空气弹簧电磁阀	0.5
97		更换悬架控制阀装置	1
98		更换空气悬架控制模块	1
99		更换空气减振器	2.5
100		更换液压减振器	2.5
101		更换蓄压器	1.5
102		更换分配阀	1
103		更换轮胎螺栓	1.1
104		更换胎压传感器	0.8
105		匹配胎压传感器	0.4
106		四轮定位	1.1
107	制动系统	更换制动摩擦片（1 副）	1
108		更换制动盘（1 副）	1.1
109		更换制动蹄片（1 副）	1.5

续上表

序号	分类	修理项目	工时，h
110	制动系统	更换制动液	1
111		更换制动钳	1
112		更换制动钳底板	1
113		更换制动软管	0.9
114		更换前制动钢管	2
115		更换后制动钢管	2
116		更换制动助力器	2.5
117		更换制动主缸	2
118		更换制动轮缸	1.5
119		更换制动真空泵（机械）	2
120		更换制动真空泵（电子）	0.8
121		更换 ABS 模块	2
122		更换真空度传感器	0.5
123		更换轮速传感器（外置）	0.5
124		更换轮速传感器（内置）	1
125		更换驻车制动器电动机	1
126		更换驻车制动器拉线	1
127		更换驻车制动器拉杆	2
128		更换驻车制动开关	0.3
129		更换驻车制动控制模块	0.5
130		更换制动踏板	2
131		更换制动踏板控制开关	0.2
132		更换制动压力传感器	0.5

备注：序号14~16的工时数值与右列一致，表示单项修理与多项修理的工时定额相同。

3.燃料乘用车车身电器修理作业工时定额

序号	分类	修理项目	工时，h
1	灯光	更换灯泡	0.2
2		更换前照灯线束	0.5
3		更换尾灯线束	0.3
4		修理灯光线束	0.5
5		更换组合开关	0.5
6		更换前照灯总成	0.3
7		更换应急灯开关	0.2
8		更换示廓灯	0.2
9		更换侧灯（车外后视镜）	0.5
10		更换牌照灯	0.1
11		更换行李舱灯	0.1
12		更换发动机舱内灯	0.1
13		更换尾灯总成	0.2
14		更换侧灯（前翼子板）	0.2
15		更换雾灯	0.2
16		更换高位制动灯	0.3
17		更换灯光传感器	0.2
18		更换仪表灯	0.5
19		更换门控灯	0.2
20		更换车内顶灯	0.2
21		更换其他内部照明灯	0.2
22		更换氛围灯（1条）	0.5

续上表

序号	分类	修理项目	工时, h
23	灯光	更换闪光器(模块)	0.3
24		调整灯光照射位置	0.2
25		更换灯光模块	0.5
26	前、后刮水器	更换刮水器刮片	0.1
27		更换刮水器刮片及刮水器臂	0.2
28		更换刮水器联动机构	0.5
29		更换刮水器电动机	0.5
30		更换刮水器开关	0.4
31		更换雨量传感器	0.3
32		调整刮水器刮片位置	0.2
33		调整刮水器喷水位置	0.1
34		更换喷水壶或喷水电动机	0.5
35		更换喷水管及喷嘴	0.3
36	车窗	更换天窗控制开关	0.2
37		更换车窗升降控制开关	0.2
38		更换驾驶人侧组合开关	0.4
39		更换车窗升降器电动机	1.2
40		更换除霜开关	0.2
41	后视镜	更换后视镜控制开关	0.2
42		更换后视镜指示灯	0.5
43		更换后视镜加热器	0.5

续上表

序号	分类	修理项目	工时，h
44	后视镜	更换后视镜模块	0.5
45	喇叭	更换喇叭（1个）	0.2
46		更换喇叭按钮	0.5
47		更换安全气囊螺旋线圈	1
48	门锁	更换发动机舱盖锁触点开关	0.2
49		更换门锁触点开关	0.2
50		更换中控锁开关	0.2
51		更换行李舱盖锁触点开关	0.2
52		更换遥控门锁接收器	0.5
53	无钥匙进入系统	更换后保险杠处蓝牙天线	0.5
54		更换室内低频天线总成	0.5
55		更换左前门处天线	0.5
56		更换前排低频天线	1.3
57		更换蓝牙模块	1
58		更换近场通信（NFC）卡片钥匙	0.5
59		更换NFC通信模块	0.5
60		更换智能钥匙总成	0.7
61		更换智能蓝牙停车钥匙总成	0.7
62	座椅	更换座椅开关	0.4
63		更换座椅电动机	0.9
64		更换座椅模块	0.5
65		更换座椅加热器	0.9

续上表

序号	分类	修理项目	工时, h
66	座椅	更换座椅温度传感器	0.8
67	安全气囊和安全带	更换安全气囊（转向盘上）	0.5
68		更换气帘	2
69		更换安全气囊螺旋线圈	1
70		更换安全带	0.5
71		更换安全带卡扣	0.4
72		更换座椅重力传感器	0.9
73		更换座椅侧安全气囊	0.9
74		更换仪表台安全气囊	0.5
75		更换气囊传感器	0.2
76		更换气囊模块	0.5
77	停车辅助系统	更换雷达探头	1.5
78		调整雷达探头安装位置	0.9
79		更换停车辅助模块	0.5
80		更换停车辅助控制开关	0.5
81	360° 全景影像系统	更换左环视摄像头	0.5
82		更换右环视摄像头	0.5
83		更换前环视摄像头	1.3
84		更换后环视摄像头	1
85		更换全景影像系统控制器	0.5
86		360° 全景影像标定	0.5

续上表

序号	分类	修理项目	工时，h
87	巡航系统	更换雷达探头及传感器	1.5
88		更换巡航控制开关	0.4
89		更换执行器本体	0.5
90		更换自适应巡航（ACC）前置雷达（含定位和匹配）	2.5
91		更换巡航系统模块（含匹配）	1
92	驾驶辅助系统	更换侧前向摄像头	0.5
93		更换角毫米波雷达（左前/右前/左后/右后）	1.3
94		更换智能控制器	0.7
95		更换三目摄像头	0.5
96		更换全球导航卫星系统（GNSS）天线	0.5
97		更换惯性测量单元（IMU）	1.7
98		更换侧后向摄像头	0.5
99		更换后视摄像头	1
100		更换前向摄像头（配合毫米波）	0.5
101		更换前向远程毫米波雷达	1.3
102		毫米波雷达标定	0.5
103		三目摄像头行车标定	2.4
104		摄像头行车标定（仅含侧前、侧后、后视摄像头单个或多个）	1.5
105		侧前摄像头停车标定（静态）	1
106	行人保护系统	更换行人保护气囊	0.5
107		更换行人碰撞传感器	0.5

续上表

序号	分类	修理项目	工时，h
108	音响和娱乐系统	更换显示面板及本体	0.9
109		更换控制模块	1
110		更换扬声器	0.5
111		更换天线	0.3
112	空调系统	制冷剂鉴别、回收、净化	0.5
113		更换空调皮带	0.5
114		更换空调压缩机	1.5
115		更换空调压缩机电磁离合器	2.2
116		更换冷凝器	2.2
117		清洁冷凝器	0.5
118		更换干燥瓶（储液罐）	1.5
119		更换膨胀阀（膨胀管）	1.5
120		更换蒸发器	4.2
121		更换空调高压管路（1根）	1.3
122		更换空调低压管路（1根）	1.3
123		更换蒸发器温度传感器	0.7
124		更换暖风水箱	4.2
125		更换车外温度传感器	0.2
126		更换车内温度传感器	0.6
127		更换制冷剂压力传感器	0.2

续上表

序号	分类	修理项目	工时，h
128	空调系统	更换空调控制面板	0.5
129		更换空调控制单元	0.5
130		更换鼓风机	1
131		更换调速电阻（模块）	0.2
132		更换风门执行机构	0.9
133		更换空调控制开关	0.2
134		更换暖风水阀	0.5
135		更换空调滤清器	0.2
136		更换散热风扇	0.5
137		抽真空、加冷冻油、充制冷剂	1
138		拆装空调风道	1
139		更换空气质量传感器	0.5
140		更换空气湿度传感器	0.5
141		更换光照强度传感器	0.5
142		更换仪表台出风口温度传感器（每只）	0.2
143		更换脚部空间出风口温度传感器（每只）	0.2
144		更换后部出风口温度传感器（每只）	0.2
145		更换出风口电位计	1
146		更换内外循环伺服电动机	1
147		更换出风温度伺服电动机	1

续上表

序号	分类	修理项目	工时，h
148	空调系统	更换出风模式伺服电动机	1
149		更换电辅助加热器（PTC）	0.8
150		清洗空调风道	1
151	其他	更换组合仪表	0.5
152		拆装中控台饰板	0.5
153		更换发动机舱线束	2
154		更换车内线束（仪表或车身）	4
155		更换行李舱线束	1
156		更换车门内线束	1
157		更换模块	0.5
158		更换电源连接器	0.3
159		编程匹配	1
160		线路短路修复	0.6
161		线路断路修复	0.5
162		线路电阻过大修复	0.6
163		线路氧化修复	0.7
164		更换熔断丝	0.1
165		更换继电器	0.1
166		更换熔断丝盒（一般）	0.5
167		更换熔断丝盒（特殊）	1

4.燃料乘用车污染物排放超标治理作业工时定额

序号	系统	作业项目	工时，h	
			直列4缸	V形6缸
1	发动机	更换前氧传感器	0.6	0.6
2		清洗或更换三元催化转换器	1	1
3		检查、更换火花塞（1组）	0.5	0.8
4		清洗或更换喷油器	0.5	0.8
5		清洗或更换空气流量传感器	0.5	0.6
6		更换颗粒捕集器（汽油车）	1	1
7		清洗发动机积炭	1.5	1.5
8		检修进气系统漏气	0.5	0.6
9		检修排气系统漏气	0.5	0.6
10		更换活性炭罐电磁阀	0.3	0.3
11		更换可变气门正时（VVT）电磁阀	1	1
12		清洗或更换废气再循环（EGR）阀	0.8	0.8
13	后处理装置	清洗或更换颗粒物催化氧化器（POC）	0.5	0.6
14		清洗或更换氧化催化器（DOC）	0.5	0.6
15		清洗或更换颗粒捕集器（柴油车）	1	1.2
16		更换选择性催化还原催化器（SCR）或氨逃逸催化器（ASC）	1	1.2
17		更换尿素喷射部件（喷嘴、控制模块等）	1	1
18		更换再生喷嘴	0.5	0.5
19		更换压差传感器	0.7	0.7
20		更换排气温度传感器	0.5	0.5

备注：涉及发动机其他修理项目，见燃料乘用车发动机修理作业工时定额（第44页）。

二、新能源乘用车（纯电动）机电修理作业工时定额

1.新能源乘用车三电系统修理作业工时定额

序号	分类	修理项目	工时，h
1	电控系统	更换整车控制器	1
2		更换集成式车载电源	1.2
3		更换高压配电箱	2
4		更换高压配电箱用熔断器	0.5
5		更换驱动电机控制器	3
6	动力总成	更换驱动电机	3.5
7		更换减速器总成	3.5
8		更换左/右侧驱动轴油封	1
9		更换差、减速器油	0.5
10		更换旋变传感器（需拆下驱动电机）	4
11		更换旋变传感器（无需拆下驱动电机）	0.5
12	电池及电池管理系统	更换动力蓄电池总成	3
13		更换电池下箱体护板	0.9
14		更换等电位铜排总成	0.3
15		更换手动维修开关（外置式）	0.2
16		更换电池管理控制器（外置式）	0.4
17		更换电池管理控制器（内置式）	3.5
18	温控系统	更换电池冷却系统冷却液泵	0.5
19		更换电池进水管	0.8
20		更换电池出水管	0.8

续上表

序号	分类	修理项目	工时，h
21	温控系统	更换换热器电子膨胀阀	1
22		更换水–水换热器	1.6
23		更换电池换热器带电子膨胀阀总成	1.7
24		更换水温传感器（电池冷却系统）	0.5
25		更换水温传感器（电机冷却系统）	0.5
26		更换四通换向水阀	0.6
27		更换三通比例水阀	0.6
28		更换电机冷却系统冷却液泵	0.5
29		更换电机进水管	0.5
30		更换电机出水管	0.5
31		更换散热风扇控制单元	0.2
32		更换冷凝器	2.4
33		更换散热器	2.2
34		更换散热风扇	0.5
35		更换膨胀水壶	1.6
36		更换温控系统冷却液（含排空）	1.2
37	其他	更换交流充电线束总成	2
38		更换直流充电线束总成	2
39		校准三相交流电驱动电机	1.5
40		冷却液水道气密性检测	0.5
41		电机电控气密性检测	0.5
42		动力蓄电池腔体气密性检测	0.5
43		单模块升级	1
44		整车系统升级	2

2.新能源乘用车底盘修理作业工时定额

见燃料乘用车底盘修理作业工时定额(第52页)。

3.新能源乘用车车身电器修理作业工时定额

新能源乘用车(纯电动)空调系统修理作业工时定额如下,其他项目见燃料乘用车车身电器修理作业工时定额(第58页)。

序号	修理项目	工时,h
1	更换电动空调压缩机	1.5
2	更换冷凝器	2.4
3	更换空调高压管路(1根)	1.3
4	更换空调低压管路(1根)	1.3
5	更换电子膨胀阀	1.5
6	更换蒸发器	4.2
7	更换蒸发器温度传感器	0.7
8	更换空调控制面板	0.5
9	更换空调控制单元	0.8
10	更换采暖水加热器	1.7
11	更换电子冷却液泵	0.6
12	更换暖风水箱	4.2
13	更换膨胀水壶	0.4
14	更换散热器	2.2
15	更换车外温度传感器	0.2

续上表

序号	修理项目	工时，h
16	更换车内温度传感器	0.6
17	更换制冷剂压力传感器	0.2
18	更换鼓风机	1
19	更换调速电阻（模块）	0.2
20	更换风门执行机构	0.9
21	更换空调滤清器	0.2
22	更换散热风扇	0.5
23	抽真空、加冷冻油、充制冷剂	1
24	拆装空调风道	1
25	更换空气质量传感器	0.5
26	更换空气湿度传感器	0.5
27	更换光照强度传感器	0.5
28	更换仪表台出风口温度传感器（每只）	0.2
29	更换脚部空间出风口温度传感器（每只）	0.2
30	更换后部出风口温度传感器（每只）	0.2
31	更换内外循环伺服电动机	1
32	更换出风温度伺服电动机	1
33	更换出风模式伺服电动机	1
34	清洗空调风道	1

第四章　乘用车车身整形修复工时定额

一、乘用车损伤修复工时定额

1.车身外部损伤修复工时定额

序号	作业项目	工时，h		
		短轴距	中轴距	长轴距
1	修复前保险杠	0.6	0.7	0.8
2	修复前保险杠支架	0.4	0.4	0.4
3	前保险杠骨架整形	0.8	1	1.2
4	前翼子板整形（重度损伤）	1.5	1.6	1.8
5	前翼子板整形（中度损伤）	1	1.1	1.3
6	前翼子板整形（轻度损伤）	0.6	0.7	0.8
7	发动机舱盖整形（重度损伤）	3	3.1	3.3
8	发动机舱盖整形（中度损伤）	1.8	1.9	2
9	发动机舱盖整形（轻度损伤）	0.8	0.9	1
10	车门整形（重度损伤）	2.5	2.6	2.8
11	车门整形（中度损伤）	1.6	1.7	1.8
12	车门整形（轻度损伤）	0.8	0.9	1
13	车顶板整形（重度损伤）	3	3.1	3.3

续上表

序号	作业项目	工时, h		
		短轴距	中轴距	长轴距
14	车顶板整形(中度损伤)	1.5	1.7	2
15	车顶板整形(轻度损伤)	0.8	1	1.2
16	车门窗框整形	0.6	0.8	1
17	后门三角窗框架整形	0.4	0.5	0.7
18	后翼子板整形(重度损伤)	2	2.2	2.5
19	后翼子板整形(中度损伤)	1.5	1.6	1.8
20	后翼子板整形(轻度损伤)	0.8	0.9	1
21	行李舱盖整形(重度损伤)	2.5	2.6	2.8
22	行李舱盖整形(中度损伤)	1.6	1.7	2
23	行李舱盖整形(轻度损伤)	0.8	0.9	1.1
24	修复后保险杠	0.6	0.7	0.8
25	后保险杠骨架整形	0.5	0.5	0.5

备注:1.轴距<2.50m为短轴距,2.50m≤轴距<2.85m为中轴距,轴距≥2.85m为长轴距。下同。

2.损伤面积占该部件面积20%以下为轻度损伤,20%~40%为中度损伤,40%以上为重度损伤。轻度损伤部件若含有弯曲、折皱、锐角凹陷、撕裂、骨架变形等任一类型损伤,其损伤程度即定义为中度损伤;中度损伤部件若含有弯曲、折皱、锐角凹陷、撕裂、骨架变形等任一类型损伤,其损伤程度即定义为重度损伤。下同。

3.表中涉及金属材质的部件为钢制板件。铝制板件的工时定额上浮20%。下同。

2.车身内部损伤修复工时定额

序号	作业项目	工时, h		
		短轴距	中轴距	长轴距
1	仪表台骨架轻微整形	1.2	1.4	1.6
2	座椅骨架轻微整形	1	1.2	1.4
3	后座椅靠背挡板轻微整形	1	1.2	1.4

3.车身结构件损伤修复工时定额

序号	作业项目	工时, h		
		短轴距	中轴距	长轴距
1	散热器框架整形	0.8	1	1.2
2	前横梁整形	0.8	1	1.2
3	前轮罩整形(一侧)	1.5	1.6	1.8
4	前翼子板加强筋整形	0.8	1	1.2
5	前减振塔整形	1.5	1.6	1.8
6	前纵梁整形(一侧)	3	3.2	3.5
7	前围整形	3.5	3.7	4
8	刮水器下围板整形	0.5	0.7	1
9	前风窗玻璃下围板整形	0.5	0.7	1
10	前风窗玻璃框架整形	2	2.2	2.5
11	前立柱整形(一侧)	4	4.2	4.5

续上表

序号	作业项目	工时, h		
		短轴距	中轴距	长轴距
12	中立柱整形(一侧)	4	4.2	4.5
13	后立柱整形(一侧)	4	4.2	4.5
14	车顶横梁整形	2	2.2	2.5
15	车顶纵梁整形(一侧)	2	2.2	2.5
16	后风窗玻璃框架整形	2	2.2	2.5
17	车身底边梁整形(一侧)	2	2.2	2.5
18	车身底板整形	3	3.2	3.5
19	车身底板横梁整形	2	2.2	2.5
20	后轮廓整形(一侧)	0.8	1	1.2
21	后翼子板加强筋整形	0.8	1	1.2
22	尾灯框整形	0.8	1	1.2
23	后减振塔整形	1.5	1.6	1.8
24	后台板整形	0.8	1	1.2
25	后纵梁整形(一侧)	3.5	3.7	4
26	后横梁整形	1.2	1.4	1.7
27	行李舱底板整形	1.5	1.6	1.8
28	行李舱后围板整形	1.5	1.6	1.8

二、乘用车板件更换工时定额

1. 车身外部板件更换工时定额

序号	作业项目	工时，h		
		短轴距	中轴距	长轴距
1	更换前保险杠	2	2.2	2.4
2	更换散热器面罩（中网）	1	1.2	1.4
3	更换前标	0.2	0.2	0.2
4	更换前保险杠支架	0.2	0.2	0.2
5	更换前保险杠骨架（螺栓连接）	1	1	1
6	更换前保险杠骨架（焊接）	1.5	1.8	2
7	更换前翼子板（一侧）	1	1.2	1.5
8	更换发动机舱盖（含调整）	0.5	0.5	0.7
9	更换发动机舱盖铰链（两侧）	1	1	1.2
10	更换发动机舱盖撑杆	0.1	0.3	0.3
11	更换发动机舱盖隔热层	0.2	0.2	0.2
12	更换发动机舱盖拉索	0.8	1	1.2
13	更换发动机舱盖锁	0.3	0.5	0.7
14	更换车门板	2.5	3	3.5
15	更换车门饰条	0.4	0.4	0.4
16	更换车门外把手	0.3	0.5	0.5
17	更换车窗玻璃内侧密封条	0.3	0.3	0.3
18	更换车窗玻璃外侧密封条	0.3	0.3	0.3

续上表

序号	作业项目	工时，h		
		短轴距	中轴距	长轴距
19	更换车窗玻璃导槽	1	1.2	1.4
20	更换车窗玻璃滑动胶条	1	1.2	1.4
21	更换车门铰链（一副）	1	1	1
22	更换车门限位器	0.6	0.6	0.6
23	更换车门密封条（车门上）	0.5	0.5	0.5
24	更换车门密封条（门框上）	0.3	0.3	0.3
25	更换车门锁块	0.7	0.7	1
26	更换门锁扣	0.2	0.2	0.2
27	更换天窗密封条	1	1.4	1.8
28	更换后翼子板（一侧）	7	8	12
29	更换行李舱盖（含调整）	1.2	1.2	1.5
30	更换行李舱盖扭力弹簧杆	0.7	0.7	0.7
31	更换行李舱密封条	0.2	0.2	0.3
32	更换行李舱盖锁	0.3	0.3	0.3
33	更换行李舱盖铰链（一副）	1	1.2	1.4
34	更换后标	0.2	0.2	0.2
35	更换后保险杠	1.4	1.6	1.8
36	更换后保险杠骨架	1	1.2	1.4
37	更换发动机下挡板	0.3	0.3	0.4
38	更换车外后视镜	0.5	0.8	1
39	更换四轮挡泥板	0.4	0.4	0.4
40	更换翼子板内衬	0.4	0.6	0.8

2.车身内部板件更换工时定额

序号	作业项目	工时，h		
		短轴距	中轴距	长轴距
1	更换全车锁芯	2.5	3	4
2	更换前下角内饰板	0.2	0.3	0.4
3	更换杂物箱	0.4	0.6	0.8
4	更换前柱内饰板	0.2	0.2	0.2
5	更换遮阳板（一侧）	0.2	0.2	0.2
6	更换车内后视镜	0.2	0.2	0.2
7	更换车门内饰板（一块）	0.5	0.5	0.5
8	更换车门内把手	0.6	0.8	1
9	更换车窗升降器	1.2	1.5	1.8
10	更换车窗升降控制开关	0.4	0.5	0.6
11	更换车顶篷	2.8	3	3
12	更换天窗电动机	3	3.2	3.4
13	更换天窗导轨	5	5.3	5.6
14	更换中柱饰板	0.2	0.2	0.2
15	更换后柱内饰板	0.3	0.3	0.3
16	更换车厢地毯	2	2.5	3
17	更换前排座椅总成（一侧）	0.4	0.6	0.8
18	更换后排座椅总成	0.4	0.6	0.8

3.车身结构件更换工时定额

序号	作业项目	工时,h		
		短轴距	中轴距	长轴距
1	更换散热器框架(焊接)	2	2.2	3
2	更换散热器框架(螺栓连接)	0.8	1	1.2
3	更换前横梁(焊接)	2	2.2	3
4	更换前横梁(螺栓连接)	1	1.2	1.4
5	更换前轮罩(一侧)	2	2.5	3
6	更换前翼子板加强筋	1.2	1.6	2
7	更换前减振塔	3	3.5	4
8	更换前纵梁(一侧)	4	5	6
9	更换刮水器下围板	2	2.6	3.2
10	更换前风窗玻璃下围板	2	2.6	3.2
11	更换前立柱(一侧)	6	7	8
12	更换中立柱(一侧)	6	7	8
13	更换后立柱(一侧)	4	5	6
14	更换车顶横梁	3	4	5
15	更换车顶纵梁(一侧)	4	5	6
16	更换车顶板	8	8.5	9
17	更换车身底边梁(一侧)	3	4	5
18	更换车身底板	8	8.5	9
19	更换车身底板横梁	3	4	5
20	更换后轮廓(一侧)	2	2.5	3
21	更换后翼子板加强筋	1.2	1.6	2

续上表

序号	作业项目	工时，h		
		短轴距	中轴距	长轴距
22	更换尾灯框	1.2	1.6	2
23	更换后翼子板（一侧）	6	7	8
24	更换后翼子板下端板	0.8	1	1.2
25	更换后减振塔	3	3.5	4
26	更换后台板	1.2	1.6	2
27	更换后纵梁（一侧）	4	5	6
28	更换行李舱底板	3.5	4	4.5
29	更换后围板	4	5	6

三、乘用车事故拆检工时定额

序号	拆检项目	工时，h
1	拆保险杠（前或后）	0.5
2	拆发动机舱盖	0.3
3	拆散热器、冷凝器	1.5
4	拆检前照灯总成	0.2
5	拆前翼子板	0.5
6	拆发动机	5
7	解体发动机	5
8	拆发动机油底壳	0.4
9	拆起动机	0.3

续上表

序号	拆检项目	工时,h
10	拆发电机	0.3
11	拆空调压缩机	0.5
12	拆手动变速器	3
13	解体手动变速器	4
14	拆自动变速器	3
15	解体自动变速器	4
16	拆变速器油底壳	0.4
17	拆前悬架(单侧,含附件)	3
18	拆后悬架	4
19	拆转向机	1.5
20	拆制动主缸	0.5
21	拆三元催化转换器	0.5
22	拆消声器	0.5
23	拆行李舱盖	0.8
24	拆尾灯总成	0.2
25	拆仪表台	2
26	拆燃油箱	1
27	拆车门(含门饰板、车窗升降器、锁块)	1
28	拆安全带	0.4
29	拆座椅总成(前排一侧)	0.4
30	全车拆检	24

第五章　乘用车车身涂装修复工时定额

序号	分类	涂漆部件	工时，h	
			原车件	新件
1	外观件	保险杠（前、后）	3.6	3.2
2	外观件	前翼子板（左、右）	3	3.2
3	外观件	发动机舱盖	4.8	5.3
4	外观件	前门（左、右）	3.5	4
5	外观件	后门（左、右）	3.5	4
6	外观件	车顶	4.8	6
7	外观件	后翼子板（左、右）	3.6	4.8
8	外观件	行李舱盖	4.2	4.7
9	外观件	车门槛（左、右）	3	3.5
10	外观件	保险杠（前、后）补漆	2.6	—
11	结构件	散热器框架	1	2
12	结构件	前照灯框架	0.5	0.8
13	结构件	前围板	1	1.5
14	结构件	风窗玻璃边框（前、后）	1.5	1.8
15	结构件	轮廓加强撑（前、后）	0.5	1
16	结构件	前纵梁、后纵梁	2	2
17	结构件	翼子板加强筋（前、后）	1	1
18	结构件	立柱（A柱、B柱、C柱）	3	4
19	结构件	后围板	2	3
20	结构件	后台板	1	1.5

续上表

<table>
<tr><th rowspan="2">序号</th><th rowspan="2">分类</th><th rowspan="2" colspan="2">涂漆部件</th><th colspan="2">工时，h</th></tr>
<tr><th>原车件</th><th>新件</th></tr>
<tr><td>21</td><td rowspan="3">结构件</td><td colspan="2">行李舱底板</td><td>1.5</td><td>3</td></tr>
<tr><td>22</td><td colspan="2">车身底板</td><td>3</td><td>6</td></tr>
<tr><td>23</td><td colspan="2">尾灯框架</td><td>0.5</td><td>0.8</td></tr>
<tr><td>24</td><td rowspan="10">附件</td><td colspan="2">散热器面罩（中网）</td><td>1.2</td><td>1.2</td></tr>
<tr><td>25</td><td colspan="2">后视镜壳（左、右）</td><td>1</td><td>1</td></tr>
<tr><td>26</td><td colspan="2">门拉手</td><td>0.5</td><td>0.5</td></tr>
<tr><td>27</td><td colspan="2">轮毂盖</td><td>1</td><td>1</td></tr>
<tr><td>28</td><td colspan="2">饰条</td><td>0.5</td><td>0.5</td></tr>
<tr><td>29</td><td colspan="2">饰板</td><td>1.2</td><td>1.2</td></tr>
<tr><td>30</td><td colspan="2">油箱盖</td><td>1</td><td>1</td></tr>
<tr><td>31</td><td colspan="2">尾翼</td><td>1.5</td><td>1.5</td></tr>
<tr><td>32</td><td colspan="2">刮水器臂</td><td>0.5</td><td>—</td></tr>
<tr><td>33</td><td colspan="2">小盖板（喷水、拖钩）</td><td>0.5</td><td>0.5</td></tr>
<tr><td>34</td><td rowspan="6">整车</td><td rowspan="3">车长≥4m</td><td>整车表面</td><td>48</td><td>—</td></tr>
<tr><td>35</td><td>整车内外</td><td>64</td><td>—</td></tr>
<tr><td>36</td><td>整车改色</td><td>80</td><td>—</td></tr>
<tr><td>37</td><td rowspan="3">车长<4m</td><td>整车表面</td><td>40</td><td>—</td></tr>
<tr><td>38</td><td>整车内外</td><td>56</td><td>—</td></tr>
<tr><td>39</td><td>整车改色</td><td>72</td><td>—</td></tr>
</table>

备注：表中所列均为单件（每个部件）涂装修复作业工时。

第六章　乘用车专项作业工时定额

一、发动机维修专项作业工时定额

见燃料乘用车发动机故障诊断工时定额（第16页）和燃料乘用车发动机修理作业工时定额（第44页）。

二、电气系统维修专项作业工时定额

见燃料乘用车车身电器故障诊断工时定额（第28页）和燃料乘用车车身电器修理作业工时定额（第58页）。从事新能源乘用车高压系统维修的见新能源乘用车三电系统故障诊断工时定额（第40页）和新能源乘用车三电系统修理作业工时定额（第67页）。

三、自动变速器维修专项作业工时定额

见燃料乘用车底盘故障诊断工时定额（第21页）和燃料乘用车底盘修理作业工时定额（第52页）。

四、轮胎动平衡及修补专项作业工时定额

序号	作业项目	单位	工时，h
1	更换轮胎 / 轮辋	只	0.6
2	车轮动平衡	只	0.2
3	更换气门嘴	只	0.6
4	更换气门芯	个	0.1
5	补胎	只	0.8
6	车轮换位	辆	0.4
7	轮胎充气	辆	0.1
8	轮胎充氮气	辆	0.2

五、四轮定位检测调整专项作业工时定额

见燃料乘用车底盘修理作业工时定额（第52页）。

六、汽车润滑与养护专项作业工时定额

见乘用车维护工时定额（第9页）。

七、喷油泵、喷油器维修专项作业工时定额

见燃料乘用车发动机修理作业工时定额（第44页）。

八、曲轴修磨和汽缸镗磨（机加工）专项作业工时定额

序号	机加工项目	单位	工时，h
1	镗缸、镶套、珩磨缸（直列）	缸	0.7
2	镗缸、镶套、珩磨缸（V形）	缸	1
3	磨削缸盖平面	只	1
4	磨削缸体上平面	只	1
5	镶、铰削气门座圈	只	0.1
6	磨飞轮平面	个	0.7
7	取断头螺栓	个	0.5
8	车制动盘	只	0.3
9	车闷头盖	只	0.2
10	活塞销	只	0.2
11	车垫片	只	0.2
12	车内螺纹	只	0.2
13	车外螺纹	只	0.2
14	钻孔	个	0.1
15	攻螺纹	个	0.2

九、散热器维修专项作业工时定额

见燃料乘用车发动机修理作业工时定额（第44页）。

十、空调维修专项作业工时定额

见燃料乘用车车身电器故障诊断工时定额（第28页）、燃料乘用车车身电器修理作业工时定额（第58页）、新能源乘用车车身电器故障诊断工时定额（第41页）和新能源乘用车车身电器修理作业工时定额（第69页）。

十一、车身维修专项作业工时定额

见乘用车车身整形修复工时定额（第71页）和乘用车车身涂装修复工时定额（第81页）。

十二、美容装潢工时定额

序号	作业项目	工时，h
1	外部洗车	0.3
2	内、外部洗车	0.6
3	精护洗车	1.2
4	漆面磨泥	0.5
5	漆面深度清洁（柏油、虫尸、树胶等）	0.5
6	漆面打蜡	0.5
7	漆面抛光（3 年以下车辆）	3
8	漆面抛光（3 年及以上车辆）	5
9	漆面封釉	0.7
10	漆面镀膜	0.8
11	漆面镀晶（每层）	1
12	漆面烤瓷	3
13	玻璃清洁护理	1

续上表

序号	作业项目	工时，h
14	漆面局部划痕修复（每处）	0.2
15	全车外部塑料件护理	0.4
16	镀铬件清洁护理	0.5
17	轮胎清洁护理	0.2
18	轮毂深度清洁护理	0.8
19	轮毂翻新	2.5
20	车内饰清洁养护	2.5
21	车内除异味消毒	0.5
22	车内真皮座椅清洁养护	1
23	真皮镀膜	3
24	真皮修复（每处）	4
25	车内吸尘器除尘	0.1
26	车内地毯、地垫清洗	0.5
27	脚垫裁剪	0.7
28	车内顶干洗	0.5
29	空调风道清洗	1
30	仪表台清洁护理	0.1
31	仪表台镀膜	0.3
32	发动机舱内清洁与线束保护	0.5
33	发动机舱镀膜	0.8
34	行李舱清洁除尘	0.1
35	排气管防锈	2
36	底盘装甲	4

续上表

序号	作业项目	工时，h
37	车内座垫套拆装	1
38	改装真皮座椅	10
39	前风窗玻璃撕膜除胶	0.8
40	侧后风窗玻璃撕膜除胶	1.6
41	前风窗玻璃贴太阳膜	0.9
42	后风窗玻璃贴太阳膜	0.6
43	车窗玻璃贴太阳膜（每门）	0.3
44	贴车衣	16
45	真皮抗污涂层	5
46	织物抗污涂层	5
47	外部橡塑件抗污涂层	2
48	镀铬件镀晶	2

十三、玻璃安装及修复专项作业工时定额

1. 玻璃更换工时定额

序号	作业项目	工时, h
1	更换前风窗玻璃	2.5
2	更换前三角玻璃	1
3	更换前门三角玻璃	2
4	更换前门车窗玻璃	2
5	更换前门三角和车窗玻璃	2.5
6	更换后门车窗玻璃	2

续上表

序号	作业项目	工时，h
7	更换后门三角玻璃	2
8	更换后门车窗和三角玻璃	2.5
9	更换后翼子板玻璃	1.5
10	更换后风窗玻璃	2
11	更换普通天窗玻璃	3
12	更换全景天窗固定玻璃	5
13	更换全景天窗滑动玻璃	5
14	更换全景天窗固定和滑动玻璃	8

备注：1.表中所列工时包含清理玻璃碎渣和拆装附件时间，因夹缝碎渣难以清理、拆卸附件较多、封装注塑等状况，视情另加0.5~1h。

2.更换有光照和雨量感应、除霜、天线、行车轨道识别、夜视、平视显示器（HUD）等功能的前风窗玻璃，每个功能另加0.2h。

2.玻璃修补工时定额

序号	作业项目	工时，h
1	修补玻璃洞口（直径1cm以下）	1.5
2	修补玻璃洞口（直径1～1.9cm）	2
3	修补玻璃洞口（直径2～3.4cm）	3
4	修补玻璃裂纹（累计长度3.5～9.9cm）	3
5	修补玻璃裂纹（累计长度10～19.9cm）	4

备注：玻璃裂纹累计长度超过10cm的，建议更换。

第二篇

客车维护与故障诊断修理工时定额

第一章　客车维护工时定额

一、燃料客车维护工时定额

1.燃料客车一级维护工时定额

序号	检查维护项目		工时,h		
			轻型客车	中型客车	大型客车
1	车辆外观及附属设施	检查车身	0.3	0.3	0.4
		检查防眩目装置			
		检查后视镜,调整后视镜角度			
		检查灭火器、客车安全锤			
		检查停车楔、三角警告牌及反光背心			
		检查安全带			
		检查风窗玻璃刮水器			
2	油液	检查风窗玻璃雨刮液、尿素罐液面高度,视情补给	0.1	0.1	0.1
3	发动机	检查空气滤清器、机油滤清器和燃油滤清器	0.8	1	1.2
		检查发动机润滑油及冷却液			
4	转向系统	检查部件连接	0.3	0.3	0.3
		检查防尘套			
		检查转向器润滑油及转向助力油			

续上表

<table>
<tr><th rowspan="2">序号</th><th rowspan="2" colspan="2">检查维护项目</th><th colspan="3">工时,h</th></tr>
<tr><th>轻型客车</th><th>中型客车</th><th>大型客车</th></tr>
<tr><td rowspan="6">5</td><td rowspan="6">制动系统</td><td>检查制动液液面高度,视情补给</td><td rowspan="6">0.4</td><td rowspan="6">0.5</td><td rowspan="6">0.6</td></tr>
<tr><td>检查行车制动、驻车制动</td></tr>
<tr><td>检查制动管路、制动阀及接头</td></tr>
<tr><td>检查缓速器</td></tr>
<tr><td>检查储气筒</td></tr>
<tr><td>检查制动液</td></tr>
<tr><td rowspan="2">6</td><td rowspan="2">传动系统</td><td>检查各连接部位</td><td rowspan="2">0.2</td><td rowspan="2">0.2</td><td rowspan="2">0.2</td></tr>
<tr><td>检查变速器、主减速器和差速器</td></tr>
<tr><td rowspan="3">7</td><td rowspan="3">车轮及轮胎</td><td>检查轮胎外观、气压</td><td rowspan="3">0.2</td><td rowspan="3">0.2</td><td rowspan="3">0.3</td></tr>
<tr><td>检查车轮及半轴的螺栓、螺母</td></tr>
<tr><td>检查轮辋及压条挡圈</td></tr>
<tr><td rowspan="4">8</td><td rowspan="4">照明、信号指示装置及仪表</td><td>检查前照灯</td><td rowspan="4">0.3</td><td rowspan="4">0.3</td><td rowspan="4">0.3</td></tr>
<tr><td>检查信号指示装置</td></tr>
<tr><td>检查仪表</td></tr>
<tr><td>检查监控装置</td></tr>
<tr><td rowspan="4">9</td><td rowspan="4">其他</td><td>检查蓄电池</td><td rowspan="4">0.4</td><td rowspan="4">0.5</td><td rowspan="4">0.6</td></tr>
<tr><td>检查防护装置</td></tr>
<tr><td>全车润滑</td></tr>
<tr><td>整车密封</td></tr>
<tr><td>10</td><td colspan="2">合计</td><td>3</td><td>3.4</td><td>4</td></tr>
</table>

备注:执行《汽车维护、检测、诊断技术规范》(GB/T 18344)。

2. 燃料客车二级维护工时定额

序号	检查维护项目		工时，h		
			轻型客车	中型客车	大型客车
1	进厂检验		0.4	0.4	0.5
2	车辆外观及附属设施	检查车身	0.3	0.3	0.4
		检查防眩目装置			
		检查后视镜，调整后视镜角度			
		检查灭火器、客车安全锤			
		检查停车楔、三角警告牌及反光背心			
		检查安全带			
		检查风窗玻璃刮水器			
3	油液	检查风窗玻璃雨刮液、尿素罐液面高度，视情补给	0.1	0.1	0.1
4	发动机	检查发动机润滑油、冷却液液面高度，视情更换	2.3	2.5	2.7
		检查空气滤清器、机油滤清器和燃油滤清器			
		检查发动机润滑油及冷却液			
		检查发动机工作状况			
		检查发动机排放机外净化装置			
		检查燃油蒸发控制装置			
		检查曲轴箱通风装置			
		检查增压器、中冷器			
		检查发电机、起动机			
		检查发动机传动带（链）			
		检查冷却装置			
		检查火花塞、高压线			

续上表

序号	检查维护项目		工时,h		
			轻型客车	中型客车	大型客车
4	发动机	检查进气歧管、排气支管,消声器,排气管	2.3	2.5	2.7
		检查发动机舱自动灭火装置			
		检查发动机总成			
5	转向系统	检查部件连接	1.5	2	3
		检查转向器润滑油及转向助力油			
		检查转向器和转向传动机构			
		检查转向盘最大自由转动量			
6	制动系统	检查制动液液面高度,视情补给	3.5	5.2	6.7
		检查行车制动、驻车制动			
		检查制动管路、制动阀及接头			
		检查缓速器			
		检查储气筒、干燥器			
		检查制动液			
		检查制动踏板			
		检查驻车制动			
		检查防抱死制动装置			
		检查鼓式制动器			
		检查盘式制动器			
7	传动系统	检查各连接部位	0.6	0.7	0.8
		检查离合器			
		检查变速器、主减速器、差速器			
		检查传动轴			

续上表

<table>
<tr><th rowspan="3">序号</th><th rowspan="3" colspan="2">检查维护项目</th><th colspan="3">工时, h</th></tr>
<tr><th>轻型客车</th><th>中型客车</th><th>大型客车</th></tr>
<tr></tr>
<tr><td rowspan="3">8</td><td rowspan="3">行驶系统</td><td>检查车轮及轮胎</td><td rowspan="3">1.8</td><td rowspan="3">2</td><td rowspan="3">2.5</td></tr>
<tr><td>检查悬架</td></tr>
<tr><td>检查车桥</td></tr>
<tr><td rowspan="4">9</td><td rowspan="4">照明、信号指示装置及仪表</td><td>检查前照灯</td><td rowspan="4">0.3</td><td rowspan="4">0.3</td><td rowspan="4">0.3</td></tr>
<tr><td>检查信号指示装置</td></tr>
<tr><td>检查仪表</td></tr>
<tr><td>检查监控装置</td></tr>
<tr><td rowspan="3">10</td><td rowspan="3">车架车身</td><td>检查车架和车身</td><td rowspan="3">0.5</td><td rowspan="3">0.5</td><td rowspan="3">0.5</td></tr>
<tr><td>检查支撑装置</td></tr>
<tr><td>检查牵引车与挂车连接装置</td></tr>
<tr><td rowspan="5">11</td><td rowspan="5">其他</td><td>检查蓄电池</td><td rowspan="5">0.8</td><td rowspan="5">1</td><td rowspan="5">1.2</td></tr>
<tr><td>检查线束及导线</td></tr>
<tr><td>检查防护装置</td></tr>
<tr><td>全车润滑</td></tr>
<tr><td>整车密封</td></tr>
<tr><td>12</td><td colspan="2">竣工检验</td><td>1</td><td>1</td><td>1</td></tr>
<tr><td>13</td><td colspan="2">合计</td><td>13.1</td><td>16</td><td>19.7</td></tr>
</table>

备注：执行《汽车维护、检测、诊断技术规范》(GB/T 18344)。

二、新能源客车（纯电动）维护工时定额

1.新能源客车（纯电动）一级维护工时定额

<table>
<tr><th rowspan="2">序号</th><th rowspan="2" colspan="2">检查维护项目</th><th colspan="3">工时，h</th></tr>
<tr><th>轻型客车</th><th>中型客车</th><th>大型客车</th></tr>
<tr><td>1</td><td colspan="2">检查整车绝缘情况</td><td>0.1</td><td>0.1</td><td>0.1</td></tr>
<tr><td>2</td><td colspan="2">检查仪表、信号指示装置</td><td>0.1</td><td>0.1</td><td>0.1</td></tr>
<tr><td rowspan="4">3</td><td rowspan="4">驱动电机系统</td><td>检查外观及连接管路</td><td rowspan="4">0.4</td><td rowspan="4">0.4</td><td rowspan="4">0.4</td></tr>
<tr><td>检查工作状况</td></tr>
<tr><td>检查冷却系统</td></tr>
<tr><td>检查润滑系统</td></tr>
<tr><td rowspan="3">4</td><td rowspan="3">动力蓄电池系统</td><td>检查外观</td><td rowspan="3">0.4</td><td rowspan="3">0.4</td><td rowspan="3">0.4</td></tr>
<tr><td>检查冷却系统</td></tr>
<tr><td>检查工作状况</td></tr>
<tr><td>5</td><td colspan="2">检查电动空气压缩机</td><td>0.1</td><td>0.1</td><td>0.1</td></tr>
<tr><td>6</td><td colspan="2">检查电动转向系统</td><td>0.1</td><td>0.1</td><td>0.1</td></tr>
<tr><td>7</td><td colspan="2">检查空调系统、电除霜器</td><td>0.2</td><td>0.2</td><td>0.3</td></tr>
<tr><td>8</td><td colspan="2">检查制动能量回收系统</td><td>0.2</td><td>0.2</td><td>0.3</td></tr>
<tr><td>9</td><td colspan="2">检查电器舱、电池舱、高压配电系统、高压维修开关、充电插座、车载充电机、电源变换器、整车线束、接插件、高压警告标记</td><td>0.6</td><td>0.7</td><td>0.8</td></tr>
<tr><td>10</td><td colspan="2">与燃料客车一级维护相同项目</td><td>1.8</td><td>2</td><td>2.4</td></tr>
<tr><td>11</td><td colspan="2">合计</td><td>4</td><td>4.3</td><td>5</td></tr>
</table>

备注：执行《纯电动汽车维护、检测、诊断技术规范》（JT/T 1344）。

2.新能源客车(纯电动)二级维护工时定额

<table>
<tr><th rowspan="2">序号</th><th rowspan="2" colspan="2">检查维护项目</th><th colspan="3">工时，h</th></tr>
<tr><th>轻型客车</th><th>中型客车</th><th>大型客车</th></tr>
<tr><td>1</td><td colspan="2">进厂检验</td><td>0.4</td><td>0.5</td><td>0.6</td></tr>
<tr><td>2</td><td colspan="2">检查整车绝缘</td><td>0.1</td><td>0.1</td><td>0.1</td></tr>
<tr><td>3</td><td colspan="2">检查仪表、信号指示装置</td><td>0.1</td><td>0.1</td><td>0.1</td></tr>
<tr><td rowspan="5">4</td><td rowspan="5">驱动电机系统</td><td>检查外观及连接管路</td><td rowspan="5">0.7</td><td rowspan="5">0.8</td><td rowspan="5">0.9</td></tr>
<tr><td>检查工作状况</td></tr>
<tr><td>检查冷却系统</td></tr>
<tr><td>检查润滑系统</td></tr>
<tr><td>检查紧固</td></tr>
<tr><td rowspan="5">5</td><td rowspan="5">动力蓄电池系统</td><td>检查外观</td><td rowspan="5">0.7</td><td rowspan="5">0.8</td><td rowspan="5">0.9</td></tr>
<tr><td>检查冷却系统</td></tr>
<tr><td>检查工作状况</td></tr>
<tr><td>检查紧固</td></tr>
<tr><td>检查气密性</td></tr>
<tr><td>6</td><td colspan="2">检查电动空气压缩机</td><td>0.1</td><td>0.1</td><td>0.1</td></tr>
<tr><td>7</td><td colspan="2">检查电动转向系统</td><td>0.3</td><td>0.3</td><td>0.4</td></tr>
<tr><td>8</td><td colspan="2">检查空调系统、电除霜器</td><td>0.4</td><td>0.5</td><td>0.6</td></tr>
<tr><td>9</td><td colspan="2">检查制动能量回收系统</td><td>0.2</td><td>0.2</td><td>0.3</td></tr>
<tr><td>10</td><td colspan="2">检查电器舱、电池舱、高压配电系统、高压维修开关、充电插座、车载充电机、电源变换器、整车线束、接插件、高压警告标记</td><td>0.8</td><td>1</td><td>1.2</td></tr>
<tr><td>11</td><td colspan="2">与燃料客车二级维护相同项目</td><td>8.1</td><td>10.6</td><td>13.3</td></tr>
<tr><td>12</td><td colspan="2">竣工检验</td><td>1</td><td>1</td><td>1</td></tr>
<tr><td>13</td><td colspan="2">合计</td><td>12.9</td><td>16</td><td>19.5</td></tr>
</table>

备注：执行《纯电动汽车维护、检测、诊断技术规范》(JT/T 1344)。

第二章　客车故障诊断工时定额

一、燃料客车故障诊断工时定额

1.燃料客车发动机故障诊断工时定额

<table>
<tr><th>序号</th><th>故障现象</th><th colspan="2">诊断项目</th><th>工时, h</th></tr>
<tr><td>1</td><td rowspan="15">发动机无法起动</td><td colspan="2">无电(含蓄电池、发电机)</td><td>0.3</td></tr>
<tr><td>2</td><td rowspan="3">不供油</td><td>燃油泵</td><td>0.3</td></tr>
<tr><td>3</td><td>继电器、熔断丝</td><td>0.2</td></tr>
<tr><td>4</td><td>燃油滤芯堵塞</td><td>0.4</td></tr>
<tr><td>5</td><td colspan="2">起动机故障</td><td>0.3</td></tr>
<tr><td>6</td><td colspan="2">配气相位异常</td><td>1</td></tr>
<tr><td>7</td><td colspan="2">信号故障(防盗、挡位、离合器等)</td><td>0.3</td></tr>
<tr><td>8</td><td colspan="2">网络故障</td><td>0.4</td></tr>
<tr><td>9</td><td colspan="2">传感器(曲轴、凸轮轴、油轨压力传感器等)和执行器失效</td><td>0.5</td></tr>
<tr><td>10</td><td colspan="2">进油计量比例阀故障</td><td>0.5</td></tr>
<tr><td>11</td><td colspan="2">EGR阀故障</td><td>0.5</td></tr>
<tr><td>12</td><td colspan="2">油路有空气</td><td>0.8</td></tr>
<tr><td>13</td><td colspan="2">手油泵故障</td><td>0.3</td></tr>
<tr><td>14</td><td colspan="2">不点火</td><td>0.5</td></tr>
<tr><td>15</td><td colspan="2">机械故障(抱轴、抱瓦、传动卡滞等)</td><td>1</td></tr>
<tr><td>16</td><td>发动机难起动</td><td colspan="2">蓄电池亏电</td><td>0.1</td></tr>
</table>

续上表

序号	故障现象	诊断项目	工时，h
17	发动机难起动	混合气异常（含EVAP、PCV、油品）	0.4
18		点火异常（含火花塞）	0.3
19		配气相位异常	1
20		传感器和执行器失效（水温、空气流量、节气门等）	0.5
21		进排气不畅	1
22		DPF故障（堵塞）	0.3
23		机械故障（含汽缸压力异常）	2.5
24		手油泵故障	0.3
25		油水分离器故障	0.4
26		燃油滤芯堵塞	0.4
27	发动机异常熄火	混合气异常（含油品）	0.4
28		点火异常	0.3
29		传感器和执行器失效（节气门、空气流量等）	0.5
30		进油管路进空气或堵塞	0.8
31		线路接触不良	0.5
32	怠速不稳；怠速过高；怠速抖动；加速抖动；转速忽高忽低；发动机抖动	火花塞故障	0.4
33		喷油器故障	0.5
34		发电机故障	0.3
35		机械故障（含汽缸压力异常）	2.5
36		漏气	1
37		正时跳齿（含平衡轴）	1
38		缓冲连接件损坏	0.5

续上表

<table>
<tr><th>序号</th><th>故障现象</th><th colspan="2">诊断项目</th><th>工时, h</th></tr>
<tr><td>39</td><td rowspan="14">加速无力;动力不足</td><td colspan="2">信号失准(踏板位置、节气门等)</td><td>0.4</td></tr>
<tr><td>40</td><td rowspan="3">供油不畅(含油品)</td><td>燃油泵</td><td>0.5</td></tr>
<tr><td>41</td><td>喷油器</td><td>0.5</td></tr>
<tr><td>42</td><td>滤清器</td><td>0.4</td></tr>
<tr><td>43</td><td colspan="2">点火弱</td><td>0.3</td></tr>
<tr><td>44</td><td colspan="2">配气相位偏差</td><td>1</td></tr>
<tr><td>45</td><td colspan="2">涡轮增压器故障</td><td>0.5</td></tr>
<tr><td>46</td><td colspan="2">进排气不畅</td><td>1</td></tr>
<tr><td>47</td><td colspan="2">进油计量比例阀故障</td><td>0.5</td></tr>
<tr><td>48</td><td colspan="2">DPF故障(堵塞)</td><td>0.3</td></tr>
<tr><td>49</td><td colspan="2">后处理故障(尿素)</td><td>0.5</td></tr>
<tr><td>50</td><td colspan="2">进气压力传感器故障</td><td>0.4</td></tr>
<tr><td>51</td><td colspan="2">EGR阀故障</td><td>0.5</td></tr>
<tr><td>52</td><td colspan="2">机械故障(含汽缸压力异常)</td><td>2.5</td></tr>
<tr><td>53</td><td rowspan="7">发动机冷却液温度高</td><td colspan="2">水泵故障</td><td>1</td></tr>
<tr><td>54</td><td colspan="2">节温器损坏</td><td>1</td></tr>
<tr><td>55</td><td colspan="2">水管损坏</td><td>0.2</td></tr>
<tr><td>56</td><td colspan="2">散热器内部堵塞故障</td><td>0.5</td></tr>
<tr><td>57</td><td colspan="2">缺冷却液</td><td>0.1</td></tr>
<tr><td>58</td><td colspan="2">风扇离合器损坏</td><td>0.4</td></tr>
<tr><td>59</td><td colspan="2">散热器外部脏</td><td>0.2</td></tr>
</table>

续上表

序号	故障现象	诊断项目		工时, h
60	发动机冷却液温度高	汽缸垫漏气		0.5
61		打气泵缸盖故障		0.4
62		机械故障		0.5
63		信号失真		0.3
64	发动机冷却液温度低	节温器损坏		1
65		信号失真		0.3
66	发动机漏水、耗水	外部漏水		0.5
67		内部漏水		1
68		暖风水箱漏水		0.8
69	发动机油耗高	混合气异常（含油品）		0.5
70		缺缸		0.3
71		喷油器异常		0.5
72		空气滤芯堵塞		0.3
73		信号失准（含水温、进气压力）		0.3
74		进排气不畅		1
75		水温低		0.5
76	发动机漏机油、耗机油	油封、密封件失效	气门室盖衬垫	0.2
77			凸轮轴油封	0.2
78			曲轴前油封	0.2
79			曲轴后油封	0.3
80		机油散热器及管路		0.3

续上表

<table>
<tr><th>序号</th><th>故障现象</th><th colspan="2">诊断项目</th><th>工时，h</th></tr>
<tr><td>81</td><td rowspan="3">发动机漏机油、耗机油</td><td colspan="2">曲轴箱通风装置异常</td><td>0.2</td></tr>
<tr><td>82</td><td colspan="2">涡轮增压器故障</td><td>1</td></tr>
<tr><td>83</td><td colspan="2">汽缸密封异常（含气门油封）</td><td>0.5</td></tr>
<tr><td>84</td><td rowspan="2">发动机异响</td><td colspan="2">发动机本体响（内部）</td><td>1</td></tr>
<tr><td>85</td><td colspan="2">发动机附件响（外部）</td><td>1</td></tr>
<tr><td>86</td><td>冒蓝烟</td><td colspan="2">烧机油</td><td>0.2</td></tr>
<tr><td>87</td><td rowspan="5">冒黑烟</td><td rowspan="5">混合气浓</td><td>油品</td><td>0.5</td></tr>
<tr><td>88</td><td>喷油器</td><td>0.5</td></tr>
<tr><td>89</td><td>氧传感器</td><td>0.4</td></tr>
<tr><td>90</td><td>进气堵塞</td><td>0.5</td></tr>
<tr><td>91</td><td>空气流量传感器（或MAP）</td><td>0.4</td></tr>
<tr><td>92</td><td rowspan="2">冒白烟</td><td colspan="2">烧水</td><td>0.4</td></tr>
<tr><td>93</td><td colspan="2">喷油雾化不良</td><td>0.6</td></tr>
<tr><td>94</td><td rowspan="8">故障灯亮</td><td colspan="2">排放相关故障</td><td>0.8</td></tr>
<tr><td>95</td><td rowspan="5">红色灯亮</td><td>充电指示</td><td>0.2</td></tr>
<tr><td>96</td><td>制动</td><td>0.3</td></tr>
<tr><td>97</td><td>机油压力</td><td>0.3</td></tr>
<tr><td>98</td><td>冷却液</td><td>0.3</td></tr>
<tr><td>99</td><td>气囊（含安全带）</td><td>0.4</td></tr>
<tr><td>100</td><td colspan="2">黄色灯亮</td><td>0.3</td></tr>
<tr><td>101</td><td colspan="2">其他故障</td><td>0.4</td></tr>
</table>

续上表

序号	故障现象	诊断项目		工时, h
102	驾驶员警报灯亮；发动机故障灯亮	尿素系统	尿素液位传感器	0.3
103			尿素品质传感器	0.3
104			尿素品质	0.2
105			尿素结晶	0.3
106			尿素滤网脏堵	0.3
107			尿素泵	1
108			气驱/电驱系统	1
109			尿素喷嘴	0.3
110			尿素管路	0.4
111			尿素加热系统	0.4
112		DOC/SCR硫中毒		1
113		后处理传感器故障	DOC前排温传感器	0.2
114			DPF前排温传感器	0.2
115			SCR前排温传感器	0.2
116			SCR后排温传感器	0.2
117			压差传感器	0.3
118			上游NO_x传感器	0.3
119			下游NO_x传感器	0.3
120			颗粒物（PM）传感器	0.3
121		载体失效	DOC	1
122			DPF	1
123			SCR	1

续上表

序号	故障现象	诊断项目		工时，h
124	驾驶员警报灯亮；发动机故障灯亮	后处理密封不良		0.5
125		其他	燃油品质	0.3
126			EGR系统	0.8
127			涡轮增压系统	0.8
128			空气滤清器脏堵	0.5
129			柴油滤清器脏堵	0.6
130			喷油器	0.8
131			HC喷射系统	0.8
132			软件漏洞（BUG）	0.5
133	频繁再生	常见故障	压差传感器	0.3
134			硫中毒	1
135			灰分过多	1
136			DOC失效	1
137		后处理密封不良		0.5
138		其他	燃油品质	0.3
139			机油品质	0.3
140			EGR系统	0.8
141			涡轮增压系统	0.8
142			空气滤清器脏堵	0.5
143			柴油滤清器脏堵	0.6
144			喷油器	0.8
145			HC喷射系统	0.8

续上表

序号	故障现象	诊断项目		工时，h
146	频繁再生	其他	软件漏洞（BUG）	0.5
147	限速限扭	激活驾驶员诱导系统		0.5
148		激活防驾驶员作弊系统		0.5
149	机油液位升高（非频繁再生引起）			0.6
150	车载自动诊断系统（OBD）检测未就绪	未就绪原因排查		0.5
151	氨逃逸催化器（ASC）故障			1

2.燃料客车底盘故障诊断工时定额

序号	分类	故障现象	诊断项目	工时（h）
1	传动系统	离合器打滑；离合器分离不清	离合器故障	0.3
2			主缸故障	0.4
3			工作缸故障	0.5
4			压板故障	0.5
5		离合器抖动	离合器片故障（含缓冲块）	0.5
6			压盘、飞轮故障	0.6
7			操纵机构压不到位	0.4
8			分离轴承故障	0.3
9			导向轴承故障	0.5
10		离合器异响	分离轴承故障	0.3
11			导向轴承故障	0.5

续上表

序号	分类	故障现象	诊断项目	工时（h）
12	传动系统	离合器异响	压盘、飞轮故障	0.6
13			离合器片故障	0.5
14			操纵机构（含踏板）故障	0.4
15		离合器硬（踩不动）	操纵机构（含踏板）故障	0.4
16			压盘故障	0.5
17		离合器漏油	主缸故障	0.2
18			工作缸（含分离轴承）故障	0.2
19			油管泄漏	0.3
20		离合器踏板行程不正常	操纵机构故障	0.2
21			压盘、飞轮故障	0.6
22		手动变速器异响	外部操纵机构故障	0.5
23			内部异响	1
24			高低挡切换异响	1
25		手动变速器自动脱挡	自锁装置故障	0.9
26			齿轮齿套故障	1
27			操纵机构松旷	0.5
28		手动变速器不能正常挂挡	操纵机构故障	0.5
29			齿轮、同步器故障	0.3
30			离合器故障	0.3
31		自动变速器故障	信号失准	0.8
32			内部机械故障	1

续上表

序号	分类	故障现象	诊断项目	工时(h)
33	转向系统	自动变速器故障	油液问题	0.5
34		传动部分抖动和异响	传动轴异响	0.3
35			传动轴抖动	0.3
36			驱动桥异响	1
37		驱动桥漏油	密封件老化	0.1
38			接触面变形	0.1
39			通气孔堵塞	0.1
40		转向沉重	转向机故障	0.4
41			助力泵故障	0.4
42			转向节故障	1
43			转向助力泵缺油	0.1
44			转向柱万向节	0.3
45			电控助力转向系统模块、传感器、执行器及线路故障	0.8
46			悬架支撑轴承	0.3
47		转向盘行驶抖动	综合故障检测路试	2
48		转向异响	转向柱万向节	0.3
49			转向助力泵缺油	0.1
50			拉杆球头故障	0.3
51			悬架支撑轴承故障	0.3
52			悬架连接干涉	1

续上表

序号	分类	故障现象	诊断项目	工时（h）
53	转向系统	转向松旷	转向机间隙异常	0.3
54			拉杆球头松旷	0.3
55			万向节松旷	0.3
56			悬架故障	0.4
57		液压助力系统漏油	元器件损坏（含泵体、转向机、散热器）	0.3
58			油管漏油	0.5
59	行驶系统	行驶跑偏	车轮定位异常	1
60			轮胎异常	0.1
61			制动异常	0.3
62			悬架故障	0.4
63		轮胎异常磨损	车轮定位异常	1
64			轮胎异常(含轮胎气压和动平衡)	1
65		轮胎压力报警	气压不正常	0.2
66			接收模块及线路故障	0.4
67			轮胎压力传感器故障	0.3
68			电磁干扰	0.3
69			自诊断系统故障	0.3
70		爆胎应急安全装置（TESD）	线路故障	1
71			发射器故障	1
72			本体故障	3
73		前（后）悬架松旷异响	综合检查	1

续上表

序号	分类	故障现象	诊断项目	工时(h)
74	行驶系统	前(后)减振器漏油	排查	0.2
75		电控悬架不工作;车身高度不一致	传感器、执行器及线路故障	0.5
76			控制模块及线路故障	0.5
77			漏气(漏油)	0.2
78		车道偏离预警系统故障	线路故障	0.8
79			摄像头故障	0.8
80			模块故障	0.8
81	制动系统	制动跑偏	左右制动力不均匀	0.4
82			车轮定位异常	1
83			悬架故障	0.4
84			轮胎异常磨损	0.1
85			轮缸工作不良	0.4
86			防抱死制动系统(ABS)系统故障	0.5
87		制动异响	制动摩擦片故障	0.4
88			制动盘(含制动鼓)故障	0.5
89			卡钳(导销)异常	0.5
90			制动助力系统故障	0.4
91			操纵机构故障	0.4
92		制动时抖动	制动盘(含制动鼓)故障	0.5
93			制动摩擦片故障	0.4
94			前后轮轴承故障	0.4

续上表

序号	分类	故障现象	诊断项目	工时(h)
95	制动系统	制动时抖动	悬架故障	0.4
96			ABS异常	0.5
97		制动效果差（软、硬）	主缸、轮缸、助力泵、继动阀故障	0.6
98			制动鼓，制动盘、片，调整臂故障	0.6
99			液压系统有空气	0.3
100			制动间隙过大/过小	0.4
101		制动卡滞（发咬）	轮缸、主缸回位异常	0.5
102			定位销偏心轴卡滞	0.5
103			继动阀故障	0.5
104			制动间隙过小	0.4
105		制动片（盘）异常磨损	轮缸、主缸回位异常	0.5
106			导销卡滞	0.5
107			制动钳卡滞	0.5
108		制动系统漏气	轮缸、主缸漏气	0.2
109			气管漏气	0.6
110		ABS故障灯亮	传感器及信号盘异常	0.3
111			线路故障	0.5
112			安装位置（间隙）不正常	0.2
113			模块故障	1
114			电磁干扰	0.5
115		电子稳定性控制系统（ESC）故障	线路故障	0.5

续上表

序号	分类	故障现象	诊断项目	工时(h)
116	制动系统	电子稳定性控制系统(ESC)故障	转向盘位置传感器故障	1.5
117			模块故障	1
118			制动信号异常	0.8
119			轮速信号异常	0.8
120			缓速器控制器信号异常	1
121		自动紧急制动系统故障	毫米波雷达、视觉传感器、超声波雷达通讯故障	1.5
122			毫米波雷达、视觉传感器、超声波雷达故障	1.5
123			线路故障	1.5
124			转角传感器未标定	0.8
125			系统内部故障	1.5
126		制动磨损极限报警	线路故障	1
127			传感器故障	1

3.燃料客车车身电器故障诊断工时定额

序号	分类	故障现象	诊断项目	工时，h
1	灯光	车灯不亮(前照灯、转向灯、倒车灯、示廓灯、制动灯、雾灯等)	灯泡损坏	0.1
2			继电器(含熔断丝)故障	0.1
3			线路故障	1
4			开关故障	0.4
5			前照灯模块故障	1
6			灯光控制模块故障	1

续上表

<table>
<tr><th>序号</th><th>分类</th><th>故障现象</th><th colspan="2">诊断项目</th><th>工时，h</th></tr>
<tr><td>7</td><td rowspan="4">灯光</td><td rowspan="3">车灯（前照灯）亮度不够</td><td colspan="2">灯泡损坏</td><td>0.1</td></tr>
<tr><td>8</td><td colspan="2">反光板异常</td><td>0.1</td></tr>
<tr><td>9</td><td colspan="2">面罩异常</td><td>0.1</td></tr>
<tr><td>10</td><td>前照灯照射位置不正常</td><td colspan="2">排查</td><td>0.1</td></tr>
<tr><td>11</td><td rowspan="15">刮水器</td><td rowspan="4">刮水器不工作</td><td colspan="2">电机故障</td><td>0.5</td></tr>
<tr><td>12</td><td colspan="2">开关故障</td><td>0.5</td></tr>
<tr><td>13</td><td colspan="2">联动机构故障</td><td>0.2</td></tr>
<tr><td>14</td><td colspan="2">继电器、熔断丝、线路故障</td><td>0.2</td></tr>
<tr><td>15</td><td rowspan="3">刮不干净</td><td colspan="2">刮片损坏</td><td>0.1</td></tr>
<tr><td>16</td><td colspan="2">安装位置不正确</td><td>0.1</td></tr>
<tr><td>17</td><td colspan="2">附着油污</td><td>0.1</td></tr>
<tr><td>18</td><td rowspan="5">刮水器不喷水</td><td colspan="2">缺水</td><td>0.1</td></tr>
<tr><td>19</td><td rowspan="2">漏（堵）</td><td>壶本体漏（堵）</td><td>0.1</td></tr>
<tr><td>20</td><td>喷嘴和管路漏（堵）</td><td>0.2</td></tr>
<tr><td>21</td><td colspan="2">电机故障</td><td>0.2</td></tr>
<tr><td>22</td><td colspan="2">开关及线路故障</td><td>0.5</td></tr>
<tr><td>23</td><td rowspan="3">喷水位置不对</td><td colspan="2">角度不正确</td><td>0.1</td></tr>
<tr><td>24</td><td rowspan="2">压力异常</td><td>喷水电机堵塞</td><td>0.1</td></tr>
<tr><td>25</td><td>喷水电机故障</td><td>0.1</td></tr>
</table>

续上表

序号	分类	故障现象	诊断项目	工时，h
26	刮水器	刮水器回位不准确	回位开关故障	0.5
27			电机故障	0.5
28			机械卡滞	0.3
29			线路故障	1
30		刮水器挡位（速度）异常	电机故障	0.5
31			开关故障	0.5
32	车窗	天窗漏水	排水道堵塞	0.4
33			密封件老化	0.3
34			天窗变形	0.2
35		门窗升降异常	开关故障	0.2
36			电机故障	0.6
37			模块和线路故障	1
38			升降联动机构故障	0.6
39			门窗密封条损坏	0.1
40		车窗异响	升降联动机构故障	0.6
41			密封条损坏	0.1
42			电机故障	0.6
43			车窗变形	0.1
44	后视镜	车外后视镜不能调整；车外后视镜不除霜（雾）；车内后视镜功能异常	开关故障	0.4
45			电机故障	0.5
46			线路故障	1

续上表

序号	分类	故障现象	诊断项目	工时，h
47	喇叭	喇叭不响； 喇叭声音异常	喇叭本体故障	0.3
48			开关故障	0.2
49			螺旋线圈故障	0.6
50			线路故障	1
51	门锁	车门无法开启或关闭； 车门无法解（闭）锁	锁机（含中控、解锁、卡滞）故障	1
52			联动机构（含把手）故障	0.5
53			开关、线路、模块故障	1
54			自动门系统异常	1
55		遥控失效	遥控器（含电池）故障	0.1
56			接收器（含天线）故障	0.2
57			电磁干扰	0.2
58			线路和模块故障	1
59	座椅	电动座椅无法调整	开关故障	0.5
60			电机故障	0.6
61			线路故障	1
62	安全气囊和安全带	安全气囊故障灯亮	螺旋线圈故障	0.5
63			传感器（含安全带）故障	0.5
64			模块故障	1
65			线路故障	1
66			安全气囊本体故障	1

续上表

序号	分类	故障现象	诊断项目	工时，h
67	安全气囊和安全带	安全带无法惯性锁止；安全带拉伸（卷收）不正常	本体故障	0.2
68			安装位置不正确	0.3
69	停车辅助系统	停车辅助系统不工作；停车辅助系统误报警	探头故障	0.5
70			显示器故障	0.5
71			开关故障	0.5
72			线路故障	1
73			安装位置不正确	0.1
74	巡航系统	巡航系统（不工作）故障灯亮	开关故障	0.5
75			线路故障	1
76			执行器元件本体故障	1
77			模块故障	1
78	车内电源	车内电源（点烟器）不正常	熔断丝损坏	0.1
79			线路故障	0.5
80			本体故障	0.2
81			外加负载	0.1
82	组合仪表	组合仪表不亮	仪表电源电路故障	0.7
83			仪表本身故障	0.7
84		组合仪表个别灯不正常	仪表对应部分电路故障	0.7
85	音响和娱乐系统	黑屏	原因排查	0.2
86		无声音	原因排查	0.3
87		功能不正常	原因排查	0.4

续上表

序号	分类	故障现象	诊断项目	工时,h
88	空调系统	空调不制冷	压缩机本体故障	1
89			制冷剂缺失	0.2
90			膨胀阀、节流管故障	0.7
91			继电器(熔断丝)故障	0.2
92			输入信号失真	0.5
93			线路故障	1
94			风门控制元件故障	0.5
95			控制开关及模块故障(含面板)	0.5
96		空调不制热	暖风开关故障	0.3
97			暖风水箱故障	0.5
98			缺冷却液	0.1
99			控制电路故障(含面板)	0.5
100			节温器故障	0.2
101			风门控制元件故障	0.5
102			暖风水管故障	1
103			控制开关及模块故障(含面板)	0.5
104		空调制冷(制热)效果不良; 空调忽冷忽热	温控执行元件故障	0.5
105			蒸发器结霜(含管路)	0.3
106			制冷剂型号不对	0.3
107			冷冻油异常	0.1
108			压力开关异常	0.5

续上表

序号	分类	故障现象	诊断项目	工时，h
109	空调系统	空调制冷（制热）效果不良；空调忽冷忽热	蒸发器温度传感器故障	0.5
110			冷凝风扇故障	0.2
111			冷凝器散热不良	0.2
112		空调送风模式不正常；空调风速不正常	控制电路故障	1
113			风门故障（含内外循环）	0.5
114			蒸发风机故障	0.5
115			调速装置异常	0.5
116			滤网脏堵	0.2
117			控制开关及模块故障（含面板）	0.5
118			风道异常	0.6
119		空调系统泄漏（油、气）	压缩机泄漏	0.5
120			空调管路泄漏	1.5
121			冷凝器泄漏	1
122			干燥器（储液罐）泄漏	0.7
123			膨胀阀泄漏	0.7
124			蒸发器泄漏	0.7
125		空调异响	压缩机异响	0.4
126			管路异响	0.5
127			膨胀阀异响	0.5
128			蒸发风机异响	0.2
129			冷凝风扇异响	0.2
130			风道异响（含风道内异物）	0.5

4.燃料客车污染物排放超标诊断工时定额

<table>
<tr><th>序号</th><th>分类</th><th>污染物排放检测不合格项目</th><th>诊断项目</th><th colspan="2">工时，h</th></tr>
<tr><td>1</td><td rowspan="7">点燃式发动机</td><td>一氧化碳（CO）</td><td rowspan="4">混合气浓度故障
氧传感器故障
空气流量传感器（压力传感器）故障
进、排气不畅故障（含漏气）
点火及喷油故障
三元催化转换器故障
曲轴箱通风装置故障
配气相位及气门间隙故障
积炭故障</td><td>1.5</td><td rowspan="4">1.5</td></tr>
<tr><td>2</td><td>碳氢化合物（HC）</td><td>1.5</td></tr>
<tr><td>3</td><td>氮氧化合物（NO_x）</td><td>1.5</td></tr>
<tr><td>4</td><td>过量空气系数λ</td><td>1.5</td></tr>
<tr><td>5</td><td>OBD检测未就绪</td><td>查看当前故障码和历史故障码
车辆热机循环状态
车辆行驶循环状态
大气压力状态</td><td colspan="2">0.5</td></tr>
<tr><td>6</td><td>燃油蒸发系统</td><td>燃油加注口不密封
活性炭罐故障
连接管路故障
油箱故障
燃油泵上盖不密封</td><td colspan="2">0.5</td></tr>
<tr><td>7</td><td>颗粒物排放</td><td>颗粒捕集器（DPF）故障
压差传感器故障
温度传感器故障</td><td colspan="2">0.5</td></tr>
<tr><td>8</td><td>压燃式发动机</td><td>最大轮边功率（kW）</td><td>喷油器故障
供油压力不足
汽缸压力不足
进、排气不畅故障</td><td colspan="2">1</td></tr>
</table>

续上表

序号	分类	污染物排放检测不合格项目	诊断项目	工时，h
9	压燃式发动机	烟度（颗粒物）超标 光吸收系数（m^{-1}） 或不透光度（%）	EGR故障 涡轮增压器故障 喷油器及喷油正时故障 颗粒捕集器（DPF）故障 氧化催化器（DOC）故障 颗粒物催化氧化器（POC）故障 压差传感器故障 温度传感器故障 再生系统故障	1.5
10		氮氧化合物（NO_x）	EGR故障 SCR故障 ASC故障 尿素喷射故障 氮氧传感器故障 温度传感器故障 喷油时刻不正确	1.5
11		OBD检测未就绪	查看历史故障码和当前故障码 车辆热机循环状态检查 车辆行驶循环状态检查 大气压力状态检查	0.5

备注：序号1~4的工时数值与右列一致，表示单项诊断与多项诊断的工时定额相同。

二、新能源客车(纯电动)故障诊断工时定额

1.新能源客车三电系统故障诊断工时定额

<table>
<tr><th>序号</th><th>故障现象</th><th colspan="2">诊断项目</th><th>工时(h)</th></tr>
<tr><td>1</td><td rowspan="8">车辆无法上高压电</td><td colspan="2">低压蓄电池故障</td><td>0.2</td></tr>
<tr><td>2</td><td colspan="2">整车控制器故障</td><td>1</td></tr>
<tr><td>3</td><td colspan="2">绝缘故障</td><td>1</td></tr>
<tr><td>4</td><td colspan="2">高压互锁电路故障</td><td>1</td></tr>
<tr><td>5</td><td colspan="2">主负继电器、主正继电器损坏</td><td>0.5</td></tr>
<tr><td>6</td><td colspan="2">预充电路故障</td><td>0.5</td></tr>
<tr><td>7</td><td colspan="2">电池管理器故障</td><td>1</td></tr>
<tr><td>8</td><td colspan="2">动力蓄电池组损坏</td><td>1</td></tr>
<tr><td>9</td><td rowspan="4">车辆无法充电(直流)</td><td colspan="2">直流充电口损坏</td><td>0.2</td></tr>
<tr><td>10</td><td colspan="2">高压电控总成故障</td><td>0.5</td></tr>
<tr><td>11</td><td colspan="2">电池管理器故障</td><td>0.6</td></tr>
<tr><td>12</td><td colspan="2">线束故障</td><td>1</td></tr>
<tr><td>13</td><td rowspan="4">车辆无法充电(交流)</td><td colspan="2">交流充电口损坏</td><td>0.2</td></tr>
<tr><td>14</td><td colspan="2">高压电控总成故障</td><td>0.5</td></tr>
<tr><td>15</td><td colspan="2">电池管理器故障</td><td>0.6</td></tr>
<tr><td>16</td><td colspan="2">线束故障</td><td>1</td></tr>
<tr><td>17</td><td rowspan="6">车辆无法行驶</td><td rowspan="3">电机控制系统不工作</td><td>高压电源电路</td><td>1.2</td></tr>
<tr><td>18</td><td>低压电源电路</td><td>1</td></tr>
<tr><td>19</td><td>线束</td><td>1</td></tr>
<tr><td>20</td><td colspan="2">电池管理器故障</td><td>1</td></tr>
<tr><td>21</td><td colspan="2">动力蓄电池组损坏</td><td>0.6</td></tr>
<tr><td>22</td><td colspan="2">电机故障</td><td>0.5</td></tr>
</table>

2.新能源客车底盘故障诊断工时定额

见燃料客车底盘故障诊断工时定额（第105页）。

3.新能源客车车身电器故障诊断工时定额

新能源客车空调系统故障诊断工时定额如下，其他项目参照燃料客车车身电器故障诊断工时定额（第111页）。

序号	故障现象	诊断项目		工时，h
1	空调不制冷	顶置控制器与面板通信故障		1
2		低压压力低	系统平衡压力	0.6
3			副电子膨胀阀	1.5
4			主电子膨胀阀	1.5
5			低压压力传感器	0.8
6			系统制冷剂管路堵塞	1.5
7			冷凝器风扇	0.4
8			蒸发器风扇	0.8
9			线路故障	1
10		高压压力高	系统平衡压力	0.6
11			副电子膨胀阀	1
12			主电子膨胀阀	1
13			高压压力传感器	0.6
14			冷凝器风扇	0.4
15			蒸发器风扇	0.8
16			线路故障	1
17		前蒸发器温度传感器故障	前除霜温度传感器	1
18			线路故障	1

续上表

序号	故障现象	诊断项目		工时，h
19	空调不制冷	蒸发器左除霜温度传感器故障	左除霜温度传感器	0.8
20			线路故障	1
21		室外温度传感器故障	室外温度传感器	0.8
22			线路故障	1
23		进液温度传感器故障	进液温度传感器	1
24			线路故障	1
25		压缩机变频器硬件故障	压缩机变频器	1
26	空调不制热	电辅助加热器故障		0.5
27		电控线束故障		1
28		冷却液不足		0.1
29		电子水泵故障		0.5
30		传感器故障		0.5
31		空调控制单元故障		0.5
32		空调控制面板故障		0.5
33		软件故障		0.5
34	空调不出风	鼓风机故障		0.5
35		空调控制单元故障		0.5
36		空调控制面板故障		0.5
37		软件故障		0.5
38		蒸发箱结冰(传感器等)		0.5
39		线束故障		1

第三章　客车机电修理作业工时定额

一、燃料客车机电修理作业工时定额

1.燃料客车发动机修理作业工时定额

<table>
<tr><th rowspan="2">序号</th><th rowspan="2">分类</th><th rowspan="2">修理项目</th><th colspan="4">工时，h</th></tr>
<tr><th colspan="2">4 缸</th><th colspan="2">6 缸</th></tr>
<tr><td>1</td><td rowspan="16">曲柄连杆机构</td><td>更换连杆轴承</td><td>48</td><td rowspan="6">48</td><td>64</td><td rowspan="6">64</td></tr>
<tr><td>2</td><td>更换连杆</td><td>48</td><td>64</td></tr>
<tr><td>3</td><td>更换曲轴轴承</td><td>48</td><td>64</td></tr>
<tr><td>4</td><td>更换曲轴</td><td>48</td><td>64</td></tr>
<tr><td>5</td><td>更换推力轴承</td><td>48</td><td>64</td></tr>
<tr><td>6</td><td>更换活塞、活塞环、活塞销、缸套</td><td>48</td><td>64</td></tr>
<tr><td>7</td><td>更换曲轴前油封</td><td colspan="2">4</td><td colspan="2">6</td></tr>
<tr><td>8</td><td>更换曲轴后油封</td><td colspan="2">10</td><td colspan="2">10</td></tr>
<tr><td>9</td><td>更换曲轴后油封（含缓速器）</td><td colspan="2">—</td><td colspan="2">13</td></tr>
<tr><td>10</td><td>更换飞轮或齿圈</td><td colspan="2">9</td><td colspan="2">10</td></tr>
<tr><td>11</td><td>更换飞轮或齿圈（含缓速器）</td><td colspan="2">—</td><td colspan="2">12</td></tr>
<tr><td>12</td><td>更换曲轴皮带盘</td><td colspan="2">2</td><td colspan="2">2</td></tr>
<tr><td>13</td><td>更换曲轴位置传感器</td><td colspan="2">0.4</td><td colspan="2">0.4</td></tr>
<tr><td>14</td><td>更换缸体</td><td colspan="2">54</td><td colspan="2">70</td></tr>
<tr><td>15</td><td>拆装、更换汽缸盖</td><td>10</td><td rowspan="2">10</td><td>18</td><td rowspan="2">18</td></tr>
<tr><td>16</td><td>更换汽缸垫</td><td>10</td><td>18</td></tr>
</table>

续上表

<table>
<tr><th rowspan="2">序号</th><th rowspan="2">分类</th><th rowspan="2">修理项目</th><th colspan="4">工时，h</th></tr>
<tr><th colspan="2">4 缸</th><th colspan="2">6 缸</th></tr>
<tr><td>17</td><td rowspan="17">配气机构</td><td>更换及研磨气门（多气门）</td><td colspan="2">16</td><td colspan="2">22</td></tr>
<tr><td>18</td><td>更换气门导管</td><td colspan="2">14</td><td colspan="2">22</td></tr>
<tr><td>19</td><td>更换气门油封</td><td colspan="2">12</td><td colspan="2">22</td></tr>
<tr><td>20</td><td>更换液压挺杆（顶置）</td><td colspan="2">6</td><td colspan="2">7</td></tr>
<tr><td>21</td><td>更换液压挺杆（下置）</td><td colspan="2">8</td><td colspan="2">9</td></tr>
<tr><td>22</td><td>更换摇臂</td><td colspan="2">6</td><td colspan="2">7</td></tr>
<tr><td>23</td><td>更换凸轮轴</td><td colspan="2">8</td><td colspan="2">12</td></tr>
<tr><td>24</td><td>更换凸轮轴油封</td><td colspan="2">8</td><td colspan="2">9</td></tr>
<tr><td>25</td><td>调整气门间隙</td><td colspan="2">5</td><td colspan="2">6</td></tr>
<tr><td>26</td><td>更换正时齿轮</td><td colspan="2">8</td><td colspan="2">10</td></tr>
<tr><td>27</td><td>更换正时链条</td><td>8</td><td rowspan="3">8</td><td>10</td><td rowspan="3">10</td></tr>
<tr><td>28</td><td>更换正时链条涨紧器</td><td>8</td><td>10</td></tr>
<tr><td>29</td><td>更换正时链条导板</td><td>8</td><td>10</td></tr>
<tr><td>30</td><td>更换正时链条罩盖</td><td colspan="2">3</td><td colspan="2">3.5</td></tr>
<tr><td>31</td><td>更换正时齿形带</td><td colspan="2">4</td><td colspan="2">—</td></tr>
<tr><td>32</td><td>更换凸轮轴皮带盘</td><td colspan="2">4</td><td colspan="2">—</td></tr>
<tr><td>33</td><td>更换凸轮轴位置传感器</td><td colspan="2">0.4</td><td colspan="2">0.4</td></tr>
<tr><td>34</td><td rowspan="4">起动系统</td><td>更换蓄电池（1 只）</td><td colspan="2">1</td><td colspan="2">1</td></tr>
<tr><td>35</td><td>更换蓄电池传感器</td><td colspan="2">1</td><td colspan="2">1</td></tr>
<tr><td>36</td><td>更换发电机</td><td colspan="2">1.5</td><td colspan="2">1.5</td></tr>
<tr><td>37</td><td>更换起动机</td><td colspan="2">1.8</td><td colspan="2">1.8</td></tr>
</table>

续上表

序号	分类	修理项目	工时，h	
			4 缸	6 缸
38	起动系统	更换正负极线束	1	1
39		更换起动继电器	0.2	0.2
40		更换熔断丝	0.1	0.1
41		更换点火开关	1	1
42		更换变速器挡位开关（外置）	0.3	0.3
43		更换变速器挡位开关（内置）	0.5	0.5
44		更换离合器踏板开关	0.3	0.3
45	进排气系统	更换进气歧管及衬垫	3	3
46		更换进气歧管风门电位计	0.5	0.5
47		更换排气支管及衬垫	3	3
48		清洗节气门	1.5	1.5
49		更换节气门总成	1	1
50		更换加速踏板位置传感器	0.6	0.6
51		更换空气流量传感器	0.4	0.4
52		更换进气温度传感器	0.4	0.4
53		更换进气压力传感器	0.4	0.4
54		更换氧传感器	0.5	0.5
55		更换空燃比传感器	0.3	0.3
56		更换二次空气泵	1	1
57		更换三元催化转换器	1	1
58		更换消声器	1	2

续上表

序号	分类	修理项目	工时，h	
			4 缸	6 缸
59	进排气系统	更换空气滤芯	0.3	0.3
60		更换空气滤芯外壳或气管	0.5	0.5
61		清洗或更换 EGR 阀	1.5	1.5
62		更换 EGR 冷却器	1.5	1.5
63		更换废气涡轮增压器	2	3
64		更换废气涡轮增压器（特殊结构）	4	—
65		更换增压压力调节器	0.4	0.4
66		更换增压压力调节电磁阀	0.4	0.4
67		更换电动增压压力调节器	0.4	0.4
68		更换涡轮增压器循环空气阀	0.5	0.5
69		更换增压空气冷却器	2	4
70		更换增压空气压力 / 温度传感器	0.3	0.3
71		更换进气歧管绝对压力传感器	0.3	0.3
72		更换曲轴箱通风阀	0.5	0.5
73		更换排气管吊耳	0.4	0.4
74		更换排气管接口垫	1	1
75	燃油供给系统	更换喷油器（1 只）	1.5	1.5
76		更换喷油器（1 套）	4	5
77		更换低压燃油泵	2	3
78		更换燃油压力调节器	0.4	0.4
79		更换燃油减压阀	0.3	0.3

续上表

序号	分类	修理项目	工时，h	
			4缸	6缸
80	燃油供给系统	更换燃油表传感器	1	1
81		更换低压燃油压力传感器	0.3	0.3
82		更换高压油泵（含燃油压力调节阀）	2.5	4
83		更换燃油滤清器	0.5	0.5
84		更换油箱	2	3.5
85		更换燃油管	0.4	0.4
86		调校柴油喷油泵	3.5	4.5
87		调校柴油喷油器	1.8	1.8
88		更换手油泵	1	1
89		更换柴油粗滤器	0.3	0.3
90		更换柴油细滤器	0.3	0.3
91		更换油水分离器	0.3	0.3
92		更换进油计量比例阀	0.5	0.5
93		更换油轨压力传感器	0.3	0.3
94	点火系统	更换点火线圈	0.2	—
95		更换火花塞（1组）	0.5	—
96		更换爆震传感器	0.5	—
97		更换线束	2	—
98	冷却系统	更换散热器	2	4
99		散热器外部清洗	0.4	0.4

续上表

序号	分类	修理项目	工时，h	
			4 缸	6 缸
100	冷却系统	散热器内部清洗	3.5	5
101		更换膨胀水壶	0.3	0.3
102		更换水管（1 根）	0.5	1
103		更换水泵	2	2
104		更换节温器	1	1
105		更换暖风水箱（仪表台内）	10	10
106		更换暖风水箱（车厢内）	2	4
107		更换冷却液	0.5	0.5
108		更换散热风扇	1.5	1.5
109		更换热敏开关	0.3	0.3
110		更换冷却液温度传感器	0.3	0.3
111		更换冷却液液位传感器	0.2	0.2
112		更换风扇皮带过渡轮	—	2
113		更换风扇轴承	1.6	1.6
114		更换风扇轴承（电磁式、硅油）	4	4
115		排空气	0.3	0.3
116	润滑系统	更换机油泵及集滤器	4	4
117		更换机油泵及集滤器（曲轴上）	8	8
118		更换发动机油、机油滤清器	0.5	0.5
119		更换加油口盖	0.1	0.1
120		更换油标尺及导管	0.3	0.3

续上表

序号	分类	修理项目	工时，h	
			4 缸	6 缸
121	润滑系统	更换油底壳及衬垫	2	2
122		更换气门室盖及密封垫	2	2
123		更换机油散热器	4	5
124		更换机油压力开关	0.3	0.3
125		更换机油压力传感器	0.3	0.3
126		更换机油油位传感器	0.3	0.3
127		更换机油温度传感器	0.3	0.3
128		更换机油压力调节阀	0.3	0.3
129	后处理装置	更换 EGR 阀	1.5	1.5
130		更换 EGR 温度传感器	0.5	0.6
131		更换尿素品质传感器	1	1
132		更换尿素液位传感器	1	1
133		更换排气节流阀（节气门）	1.5	2
134		更换 DPM 控制单元(第七喷油嘴）	—	1
135		更换加热尿素管（1 根）	1	1
136		更换后处理线束	3	3
137		更换尿素泵	1.5	1.5
138		更换尿素箱加热电磁阀	1	1
139		更换尿素倒吸电磁阀	1	1
140		更换尿素温度传感器	1	1

续上表

序号	分类	修理项目	工时，h	
			4 缸	6 缸
141	后处理装置	更换尿素箱	2	2
142		更换 DPF	2	4
143		DPF 清灰	2.8	5
144		DPF 清灰（高温炉）	3.8	6
145		DPF 服务再生	0.8	1
146		更换 DOC	2	4
147		DOC 清灰	2.8	5
148		更换 SCR	2	4
149		更换喷油喷嘴	—	1
150		更换尿素喷嘴	0.5	0.5
151		更换 DOC 前温度传感器	0.4	0.6
152		更换 DPF 前排温传感器	0.4	0.6
153		更换 SCR 前温度传感器	0.4	0.6
154		更换 SCR 后温度传感器	0.4	0.6
155		更换 DOC 前 NO_x 传感器	0.8	0.5
156		更换 SCR 后 NO_x 传感器	0.8	1
157		更换压差传感器	0.5	0.5
158		更换氧传感器	0.5	0.5
159		更换上游加热传感器	0.5	0.5
160		更换下游加热传感器	0.5	0.5
161	其他	更换钥匙（含匹配）	1.2	—

续上表

序号	分类	修理项目	工时，h	
			4缸	6缸
162	其他	更换识读线圈（含匹配）	1.2	—
163		更换防盗模块（含匹配）	1.2	—
164		更换发动机控制模块（含匹配）	1.6	1.6
165		更换涨紧轮	1	2
166		更换外部传动皮带	1	2
167		更换发动机支撑垫（1只）	1	2
168	拆装发动机总成		16	32
169	更换发动机总成		22	40
170	发动机总成修理		64	80

备注：序号1~6、27~29的工时数值与右列一致，表示单项修理与多项修理的工时定额相同。

2.燃料客车底盘修理作业工时定额

序号	分类	修理项目	工时，h		
			轻型客车	中型客车	大型客车
1	传动系统	更换离合器片	8	10	11
2		更换离合器压盘	8	10	11
3		更换飞轮	9	11	12
4		更换分离轴承	8	10	10.5
5		更换分离轴承座	8	10	10.5

续上表

序号	分类	修理项目	工时，h		
			轻型客车	中型客车	大型客车
6	传动系统	更换分离拨叉及套	9	9	11
7		更换离合器工作缸	2	2	2
8		更换离合器主缸	2	2	2
9		更换离合器油管（软管）	1.5	1.8	1.8
10		更换离合器油管（金属成型管）	1.5	2	5
11		调整离合器自由行程	0.4	0.4	0.4
12		更换离合器液压油	1.5	1.5	1.5
13		更换空挡开关	0.5	0.5	0.5
14		更换离合器开关	0.5	0.5	0.5
15		更换变速器总成	7	7	8
16		更换变速器总成（带缓速器）	—	—	10
17		更换变速器选挡连接球头	0.5	0.5	0.5
18		更换变速器选挡线（1根）	3	4	5
19		更换变速器选挡器	2	2	2
20		更换变速器前油封	8	11	11
21		更换变速器后油封	2	2.5	3
22		更换变速器后油封（带缓速器）	—	—	8
23		更换手动变速器油	0.5	0.5	0.5
24		清洁/更换变速器通风孔	0.2	0.2	0.2
25		更换里程表传感器	0.5	1	1

续上表

序号	分类	修理项目	工时，h		
			轻型客车	中型客车	大型客车
26	传动系统	更换倒车灯开关	0.5	0.5	0.5
27		手动变速器总成修理	10	14	18
28		手动变速器总成修理（带缓速器）	—	—	20
29		更换自动变速器油	2	2	—
30		拆装自动变速器	10	10	—
31		拆装、更换传动轴	1	1	1
32		更换传动轴万向节（1 只）	1.5	2	2
33		更换差速器前油封	2	3	3
34		更换差速器油	0.5	0.5	0.6
35		清洁 / 更换后桥通风塞	0.2	0.2	0.2
36		更换差速器总成	6	8	10
37		差速器总成修理	8	12	16
38	缓速器	拆装缓速器	—	—	6
39		更换缓速器手柄开关	—	—	1
40		更换缓速器压力开关	—	—	1.5
41		更换缓速器速度开关	—	—	0.6
42		更换缓速器控制器盒	—	—	1
43		更换缓速器继电器（每组）	—	—	1
44		更换缓速器定子线圈（每只，不含拆装缓速器）	—	—	1.5
45		更换缓速器高温报警传感器	—	—	1

续上表

序号	分类	修理项目	工时，h		
			轻型客车	中型客车	大型客车
46	缓速器	更换里程表传感器	—	—	1
47	转向系统	更换动力转向泵	2	3	1.5
48		调整转向机间隙	—	0.3	0.3
49		调整转向盘角度	0.5	0.5	0.5
50		更换储液罐	1	1	1
51		更换转向助力油管	1.5	2	6
52		更换转向机	6	8	9
53		更换转角位置传感器	2	2	2
54		转角位置传感器标定	2	2	2
55		更换转向节平面轴承	5	7	7
56		更换直拉杆及球头	1.2	1.2	1.5
57		更换横拉杆及球头	1.2	1.8	2
58		更换转向柱	5	6	6
59		更换转向盘	0.5	0.5	0.5
60		更换转向传动万向节	1.5	2	2
61		更换转向柱锁和点火开关壳体	1.5	1.5	1.5
62	行驶系统	更换前平衡杆胶套	1.5	2	3
63		更换前平衡杆吊杆胶套（1 只）	0.5	0.5	0.5
64		更换前桥纵向稳定杆胶套	2	4	4
65		更换前桥横向稳定杆胶套	5	7	8

续上表

序号	分类	修理项目	工时，h		
			轻型客车	中型客车	大型客车
66	行驶系统	更换前轮轴承和轮毂（1 只）	1.5	2	3
67		更换后轮轴承（1 只）	2	2	3.5
68		更换后轮内油封（1 只）	1.5	2	3.5
69		调整前束	1	1	1
70		更换车轮转向节	5	7	7
71		更换车身调平阀	1	1	1
72		更换减振器	1	1.5	1.5
73		更换悬架气囊（1 只）	2	2	2
74		更换前钢板总成（1 架）	2	2.5	3.5
75		更换后钢板总成（1 架）	3	4	5
76		拆装前桥	8	10	10
77		拆装前桥（特殊结构）	8	14	—
78		拆装后桥	8	12	24
79		更换后桥纵向稳定杆（1 根）胶套	3	4	4
80		更换后桥三角架稳定胶套	5	7	10
81		更换后桥平衡杆胶套	1.5	2	2
82		更换后桥平衡杆吊杆胶套	0.5	0.5	0.5
83		更换轮胎螺栓（盘式）	2	3	3
84		更换轮胎螺栓（鼓式）	2	3	3
85		更换爆胎应急安全装置	2	3	3

续上表

序号	分类	修理项目	工时，h		
			轻型客车	中型客车	大型客车
86	行驶系统	更换爆胎应急安全装置（TESD）发射器	1	1	1
87		更换车道偏离预警系统终端	1	1	1
88		更换车道偏离预警系统摄像头	1	1	1
89	制动系统	更换制动蹄片（鼓式）	3	4	5
90		更换制动摩擦片（盘式）	1.5	1.5	1.5
91		更换制动盘	2	3	3
92		更换制动鼓	2	3	3
93		更换制动调整臂	—	1	1
94		更换制动调整臂（拆偏心轴）	—	3	4
95		更换制动钳	1.5	2	2
96		更换制动软管	0.5	0.5	0.5
97		更换继动阀	—	1	1
98		更换快放阀	—	1	1
99		更换储气筒放水开关	—	0.3	0.3
100		更换空气干燥瓶总成	—	1.5	1.5
101		更换空气干燥瓶芯	—	1	1
102		更换四回路阀	—	1	1
103		更换制动助力器	6	3	—
104		更换制动主缸	3	3	3
105		更换前制动轮缸	0.5	0.6	0.6

续上表

序号	分类	修理项目	工时，h		
			轻型客车	中型客车	大型客车
106	制动系统	更换前制动轮缸（油压）	2	3.5	—
107		更换后制动轮缸	0.5	0.6	1.2
108		更换后制动轮缸（油压）	2	3.5	—
109		更换 ABS 模块	1	1	1
110		更换电子稳定性控制系统（ESC）模块	1.5	1.5	1.5
111		更换轮速传感器	0.5	0.5	0.5
112		更换轮速传感器（内置）	2	3.5	3.5
113		更换驻车制动阀	—	1	1
114		更换驻车制动快放阀	—	1	1
115		更换驻车制动器（拉线）	1	1	—
116		更换驻车制动器开关（气制动）	—	0.5	0.5
117		更换制动踏板和支架	—	1	1
118		更换制动灯开关	—	0.5	0.5
119		更换制动压力传感器	—	0.5	0.5
120		更换制动磨损传感器	—	0.5	0.5
121		自动紧急制动系统标定	—	2	2
122		更换毫米波雷达、视觉传感器、超声波雷达	—	2	2

3. 燃料客车车身电器修理作业工时定额

序号	分类	修理项目	工时，h
1	灯光	更换灯泡	0.2
2		修理灯光线束	2
3		更换组合开关	1
4		更换前照灯总成（1 只）	1.5
5		更换前照灯总成（不拆保险杠，1 只）	1
6		更换应急灯开关	0.3
7		更换前小灯	0.3
8		更换组合灯	1.5
9		更换侧灯	0.3
10		更换牌照灯	0.3
11		更换后备箱灯	0.3
12		更换行李舱灯	0.3
13		更换发动机室灯	0.3
14		更换尾灯总成	0.5
15		更换雾灯	0.5
16		更换高位制动灯	1
17		更换仪表灯	0.7
18		更换门灯	0.3
19		更换顶灯	0.5
20		更换阅读灯	0.5
21		更换闪光器	0.3

续上表

序号	分类	修理项目	工时，h
22	灯光	调整灯光照射位置	0.5
23	刮水器	更换刮片	0.2
24		更换刮片及刮臂	0.3
25		更换刮水器联动机构	3
26		更换刮水器电机	2
27		更换刮水器开关	1
28		调整刮水器位置	0.3
29		调整刮水器喷水位置	0.2
30		更换喷水壶或喷水电机	0.3
31		更换喷水管及喷水嘴	1
32	车窗	更换玻璃升降器开关	0.3
33		更换玻璃升降器电机	3
34		更换除霜开关	0.2
35	后视镜	更换后视镜调节按钮	0.2
36		更换后视镜加热器	1
37	喇叭	更换喇叭	0.5
38		更换喇叭按钮	0.3
39		更换滑动触点	1.5
40	安全气囊和安全带	更换安全气囊	1
41		更换螺旋线圈	1
42		更换安全带	0.5
43		更换座椅重力传感器	2

续上表

序号	分类	修理项目	工时，h
44	安全气囊和安全带	更换仪表台气囊	6
45		更换安全气囊传感器	0.5
46		更换气囊模块	0.5
47	停车辅助系统	更换倒车摄像头	1
48		调整摄像头安装位置	0.3
49		更换显示器	0.8
50	巡航系统	更换开关	1
51		更新巡航数据配置	1
52		更换巡航系统模块（含匹配）	2
53	音响和娱乐系统	更换显示面板及本体	1
54		更换电视机	1
55		更换扬声器	0.9
56		更换天线	0.9
57	空调系统	制冷剂鉴别、回收、净化	1
58		更换空调皮带	1
59		更换压缩机（轻客）	2
60		更换压缩机（中客）	2
61		更换压缩机（大客）	3
62		更换压缩机电磁离合器	1.5
63		更换压缩机电磁离合器（需拆装压缩机）	3.5
64		更换冷凝器	1
65		更换冷凝器（顶置）	16
66		冷凝器清洁	0.5

续上表

序号	分类	修理项目	工时，h
67	空调系统	冷凝器清洁（顶置）	1.5
68		更换干燥瓶（储液罐）	0.6
69		更换干燥瓶（储液罐）（顶置）	2
70		更换膨胀阀（膨胀管）（不含拆装仪表台）	1
71		更换膨胀阀（膨胀管）（顶置）	6
72		更换蒸发器（不含拆装仪表台）	2
73		更换蒸发器（顶置）	16
74		更换蒸发器温度传感器(不含拆装蒸发器)	1
75		更换车外温度传感器	0.3
76		更换车外温度传感器（内置）	0.6
77		更换车内温度传感器	1
78		更换制冷剂压力传感器	0.2
79		更换制冷剂压力传感器（无截止阀）	2
80		更换空调面板（模块）	0.5
81		更换冷凝风机	1
82		更换蒸发风机	1
83		更换调速电阻（模块）	1
84		更换高低压软管（＜ 4m）	2
85		更换风门执行机构	2
86		更换空调开关	0.3
87		更换暖水阀	1
88		更换空调滤网	0.3

续上表

序号	分类	修理项目	工时，h
89	空调系统	抽真空、加冷冻油、充制冷剂	2
90		拆装空调风道	4
91		拆装空调风道（顶置）	18
92		更换冷却液截止阀	3
93		清洗空调风道	1
94	其他	拆装仪表台	5.5
95		更换组合仪表	1
96		更换发动机线束	6
97		更换车内线束	12
98		更换控制模块	0.6
99		编程匹配	1.5
100		线路短路修复	4
101		线路断路修复	4
102		线路氧化修复	4
103		更换熔断丝	0.2
104		更换继电器	0.2
105		更换熔断丝盒（一般）	1
106		更换熔断丝盒（特殊）	3

4.燃料客车污染物排放超标治理作业工时定额

序号	系统	修理项目	工时，h	
			4缸	6缸
1	发动机	更换氧传感器	0.5	—
2		清洗或更换三元催化转换器	1	—

续上表

序号	系统	修理项目	工时，h	
			4 缸	6 缸
3	发动机	检查更换火花塞（1 组）	0.5	—
4		更换喷油器（1 只）	1.5	1.5
5		更换喷油器（整套）	4	5
6		清洗喷油器（整套）	5	6
7		清洗或更换空气流量传感器	0.4	0.4
8		检修排气系统漏气	0.7	1
9		检修进气系统漏气	0.7	1
10		清洗发动机积炭	2	3
11		清洗或更换 EGR 阀	1.5	1.5
12		更换可变气门正时（VVT）电磁阀	1.5	—
13		更换活性炭罐电磁阀	0.4	—
14	后处理装置	更换汽油车颗粒捕集器（GPF）	2	4
15		更换 DOC	2	4
16		清洗 DOC	2.8	5
17		更换 DPF	2	4
18		清洗 DPF	2.8	5
19		更换 SCR	2	4
20		更换尿素喷嘴	0.5	0.5
21		更换 DPF 再生喷嘴	—	1
22		更换压差传感器	0.5	0.5
23		更换温度传感器	0.4	0.6

备注：涉及发动机其他修理项目，见燃料客车发动机修理作业工时定额（第123页）。

二、新能源客车（纯电动）机电修理作业工时定额

1.新能源客车三电系统修理作业工时定额

序号	分类	修理项目	工时
1	充电系统	更换集成式车载充电机	3
2		更换充电机 / 直流转换器	3
3	动力总成	更换减速器	5
4		更换驱动电机	10
5		校准驱动电机	3
6	电池及电池管理系统	更换电箱总成（非顶置）	9
7		更换电箱总成（顶置）	12
8		更换电箱护板（车顶）	4
9		更换电箱护板	2
10		更换电箱高低压连接器底座	1.5
11		更换电箱高压连接器上盖	0.5
12		更换电箱平衡防爆阀	0.5
13		更换电箱监控单元（CSC）	2
14		更换 CSC 维护口盖	0.5
15		电箱气密性检测	3
16		更换电池模组	3
17		电池均衡（单体）	2
18		电池均衡（上限）	5
19		充放电	3

续上表

序号	分类	修理项目	工时
20	电池及电池管理系统	更换 / 修复电箱内高低压线束	2
21		更换电箱内高压继电器 / 预充电阻	2
22		更换电箱内电池管理单元（BMU）	3
23		更换加热膜	1.5
24		充电容量测试	5
25	电控系统	更换整车控制器	2
26		更换驱动电机控制器	2
27		更换分离式控制盒总成	1
28		更换分离式控制盒总成（位置特殊）	3
29		更换高压盒总成	3
30		更换高压盒总成（位置特殊）	5
31		更换高压盒上盖	1
32		更换高压盒维修开关（MSD）	0.5
33		更换高压盒继电器	2
34		更换高压盒高压采样板（HVB）	2
35		更换高压盒电池管理单元（BMU）	2
36		更换高压盒功率分配模块（PDM）	1
37		更换高压盒后备电源模块（BPM）	1
38		更换高压盒熔断器 / 预充电阻	1

续上表

序号	分类	修理项目	工时
39	电控系统	更换高压盒电流传感器	2
40		更换/修复高压盒高低压线束	2
41		更换高压盒通信模块(RDB)	1
42		更换高压盒高低压连接器底座	2
43		更换高压盒高压连接器上盖	0.5
44		更换高压盒平衡阀	0.5
45		更换(直流/直流变换器)(DC/DC)模块	1
46		更换 DC/DC 模块线束	0.5
47	温控系统	更换电池冷却液泵	3
48		更换电池进水管	1.5
49		更换电池出水管	1.5
50		更换换热器	3
51		更换换热器电子膨胀阀	2.5
52		更换温度传感器(电池冷却系统)	1.5
53		更换温度传感器(电机冷却系统)	1.5
54		更换智能温控模块	2
55		更换电机冷却液泵	1.5
56		更换电机进水管	1.5
57		更换电机出水管	1.5

续上表

序号	分类	修理项目	工时
58	温控系统	更换散热风扇控制单元	2
59		更换散热风扇	1
60		更换电机冷却液	1
61		更换电池冷却液	1
62		更换冷凝器	2
63		更换散热器	2
64		更换膨胀水壶	1
65		更换水冷板（外置）	5
66		更换水冷板（内置）	2
67		更换水冷机组总成	10
68	其他	更换箱体间高压连接线束（≥ 2m）	2
69		更换箱体间高压连接线束（＜ 2m）	1
70		更换高压线束连接器附件（格兰头）	0.5
71		更换低压连接线束（≥ 2m）	1
72		更换低压连接线束（＜ 2m）	0.5
73		更换风扇线束	0.5
74		更换手动维修开关	0.5
75		程序升级 / 刷新	1.5

2.新能源客车底盘修理作业工时定额

见燃料客车底盘修理作业工时定额（第131页）。

3.新能源客车车身电器修理作业工时定额

新能源客车空调系统修理作业工时定额如下，其他项目见燃料客车车身电器修理作业工时定额（第138页）。

序号	修理项目	工时，h
1	制冷剂鉴别、回收、净化	1
2	更换电动压缩机（轻型客车）	2
3	更换电动压缩机（中型客车）	2
4	更换电动压缩机（大型客车）	3
5	更换冷凝器	1
6	更换冷凝器（顶置）	16
7	冷凝器清洁	0.5
8	冷凝器清洁（顶置）	1.5
9	更换干燥瓶（储液罐）	0.6
10	更换干燥瓶（储液罐）（顶置）	2
11	更换膨胀阀（膨胀管）（不含拆装仪表台）	1
12	更换膨胀阀（膨胀管）（顶置）	6
13	更换蒸发器（不含拆装仪表台）	2
14	更换蒸发器（顶置）	16
15	更换蒸发器温度传感器（不含拆装蒸发器）	1

续上表

序号	修理项目	工时，h
16	更换车外温度传感器	0.3
17	更换车外温度传感器（内置）	0.6
18	更换车内温度传感器	1
19	更换制冷剂压力传感器	0.2
20	更换制冷剂压力传感器（无截止阀）	2
21	更换空调面板（模块）	0.5
22	更换冷凝风机	1
23	更换蒸发风机	1
24	更换调速电阻（模块）	1
25	更换高低压软管（< 4m）	2
26	更换风门执行机构	2
27	更换空调开关	0.3
28	更换电辅助加热器（PTC）加热元件	1
29	更换空调滤网	0.3
30	抽真空加冷冻油充制冷剂	2
31	拆装空调风道	4
32	拆装空调风道（顶置）	18
33	更换冷却液截止阀	3
34	清洗空调风道	1

第四章　客车车身整形修复工时定额

一、客车损伤修复工时定额

1.车身外部损伤修复工时定额

序号	作业项目	工时，h		
		轻型客车	中型客车	大型客车
1	修复前保险杠	4	6	8
2	修复前保险杠支架	2	2	2
3	前保险杠骨架整形	2	2	2
4	前围整形	6	8	16
5	前轮围整形	7	8	8
6	前轮围整形（不拆）	2	2	2
7	后舱门整形（含拆装）	3	4	9
8	后舱门整形	2	2	2
9	乘客门整形（含拆装打散）	8	16	30
10	乘客门整形	3	4	4
11	行李舱门整形（含拆装）	—	—	8
12	行李舱门整形	—	—	2
13	侧边蒙皮整形（$1m^2$）	4	6	10
14	后保险杠整形（含拆装）	4	6	9
15	后保险杠整形	2	2	2
16	后保险杠中段整形	—	—	3

续上表

序号	作业项目	工时，h		
		轻型客车	中型客车	大型客车
17	后保险杠骨架整形	4	6	8
18	后围蒙皮整形	4	6	10
19	车顶蒙皮整形（重度损伤）	12	15	16
20	车顶蒙皮整形（中度损伤）	6	8	8
21	车顶蒙皮整形（轻度损伤）	3	4	4

备注：损伤面积占该部件面积20%以下为轻度损伤，20%~40%为中度损伤，40%以上为重度损伤。轻度损伤部件若含有弯曲、折皱、锐角凹陷、撕裂、骨架变形等任一类型损伤，其损伤程度即定义为中度损伤；中度损伤部件若含有弯曲、折皱、锐角凹陷、撕裂、骨架变形等任一类型损伤，其损伤程度即定义为重度损伤。下同。

2.车身内部损伤修复工时定额

序号	作业项目	工时，h		
		轻型客车	中型客车	大型客车
1	仪表台骨架轻微整形	6	6	12
2	座椅骨架轻微整形	3	3	4
3	后座椅靠背挡板轻微整形	2	3	4

3. 车身结构件损伤修复工时定额

序号	作业项目	工时，h		
		轻型客车	中型客车	大型客车
1	水箱框架整形	6	8	9
2	倒车镜玻璃钢修补	—	—	2
3	车身玻璃钢修补（$0.1m^2$）	—	2	2
4	副梁位置校正	—	—	8
5	前围骨架整形	—	—	30
6	前照灯骨架整形	2	2	2
7	前风窗玻璃框架整形	16	32	40
8	前左立柱整形	16	32	42
9	前右立柱整形	16	32	42
10	车顶骨架整形（1 根）	4	4	4
11	车门踏板整形	10	24	32
12	后风窗玻璃框架整形	10	16	30
13	车身边梁整形（1 根）	—	—	8
14	行李舱底板更换（$1m^2$）	—	—	3
15	车身底板整形（$1m^2$）	3	3.5	4
16	后围骨架整形	—	—	28
17	左后包角整形	1	2	8
18	右后包角整形	1	2	8

二、客车板件更换工时定额

1.车身外部板件更换工时定额

序号	作业项目	工时，h		
		轻型客车	中型客车	大型客车
1	更换前保险杠	2	2	10
2	更换中网	0.5	0.5	0.5
3	更换前标	0.5	0.5	0.5
4	更换前保险杠外饰	—	—	0.3
5	更换前保险杠包角	—	—	3
6	更换前保险杠中段	—	—	3
7	更换前保险杠支架	1.5	2	4
8	更换前保险杠骨架（螺栓连接）	1.5	1.5	1.5
9	更换前保险杠骨架（焊接）	—	—	3
10	更换前围蒙皮	—	19	36
11	更换前翼子板	2	3	4
12	更换后翼子板	—	—	4.5
13	更换发动机后舱盖（含调整）	—	4	5
14	更换发动机室盖铰链（1 副）	—	1	2.5
15	更换发动机室盖撑杆（1 只）	—	0.4	0.4
16	更换发动机室舱门锁	—	1	1.5
17	拆装乘客门	2	2	2
18	更换乘客门锁块（1 对）	0.6	0.6	0.6

续上表

序号	作业项目	工时，h		
		轻型客车	中型客车	大型客车
19	更换车门	5	10	25
20	更换乘客车门型材密封条	2	4	8
21	更换乘客车门九字密封条	1	1	1
22	更换乘客门门泵	—	4.5	4.5
23	更换乘客门锁扣	1	1	2
24	更换乘客门平衡杆	—	1	1
25	更换乘客门摆臂	—	2	4
26	更换车门限位器	0.5	0.5	0.5
27	更换行李舱门（铁铰链）	—	1	4
28	更换行李舱门（橡胶铰链）	—	—	6
29	更换行李舱门锁	—	1	1
30	更换行李舱支撑杆	—	0.4	0.4
31	更换行李舱密封条	—	1	1
32	更换行李舱门把手	—	1	1
33	更换舱门长条锁	—	0.5	0.5
34	更换天窗总成	3	4	4
35	更换天窗密封条	1	1	1
36	更换后保险杠总成	1.5	2	7
37	更换后保险杠支架（焊接）	—	—	1.5
38	更换后围蒙皮	10	16	32
39	更换倒车镜总成（1只）	0.5	1	1

续上表

序号	作业项目	工时，h		
		轻型客车	中型客车	大型客车
40	更换倒车镜底座	0.5	1	3
41	更换倒车镜镜片	0.5	1	1
42	玻璃打胶（1m）	0.5	0.5	0.5
43	更换流水槽（1m）	0.4	0.4	0.4
44	更换蓄电池架	1	1.5	1.5
45	更换发动机水箱	3	5	7
46	更换发动机中冷器	3	5	7
47	拆装燃油箱（1只）	2	3.5	4
48	更换消音器	1.5	2	4
49	更换挡泥板（1只）	0.3	0.5	0.5
50	更换翼子板内衬	0.5	0.5	—
51	更换排气波纹管	1	1	4
52	更换排气管吊耳	0.5	1	1
53	更换除霜散热器	—	—	6
54	拆装牌照	0.5	0.5	0.5

2.车身内部板件更换工时定额

序号	作业项目	工时，h		
		轻型客车	中型客车	大型客车
1	更换前内顶饰板	4	8	15
2	更换后内顶饰板	3	6	10

续上表

序号	作业项目	工时，h		
		轻型客车	中型客车	大型客车
3	更换左前柱内饰板	0.5	1	2
4	更换右前柱内饰板	0.5	1	2
5	更换车内后视镜	0.5	0.5	0.5
6	更换前挡遮阳帘（遮阳板）	0.5	0.5	1.5
7	更换车门内饰板	1	1	3
8	更换车门内把手	0.5	0.5	0.5
9	更换车门内扶手	0.5	0.5	1
10	更换内饰顶板（1 块）	—	—	5
11	更换侧围饰板（1 块）	2	4	6
12	更换中柱饰板	1	1	1
13	更换后柱内饰板	2	2	2
14	更换车厢地板革	4	6	32
15	更换烟缸座	0.2	0.3	—
16	更换全车窗帘	—	4	12
17	更换司机座椅	1.5	2	3
18	更换车内双人座椅（1 张）	1	1	1
19	更换座位气弹簧	—	1	1
20	更换座椅扶手	—	0.5	0.5
21	更换乘客座椅安全带（1 个座位）	0.5	0.5	0.5
22	更换座椅脚踏	—	0.5	0.5

3.车身结构件更换工时定额

序号	作业项目	工时，h		
		轻型客车	中型客车	大型客车
1	更换水箱框架	3	5	7
2	更换前横梁	8	12	25
3	更换前纵梁	48	60	120
4	更换车身边梁	—	—	40
5	更换立柱	20	30	40
6	更换车顶板（$1m^2$）	—	20	30
7	更换后横梁	—	12	25
8	更换后纵梁	—	60	120

三、客车事故拆检工时定额

序号	拆检项目	工时，h		
		轻型客车	中型客车	大型客车
1	拆检保险杠	1	1	1
2	拆发动机室盖	0.5	0.5	0.5
3	拆检水箱、冷凝器框架	3	4	5
4	拆检前照灯	0.4	0.4	0.4
5	拆发动机	5	8	16
6	解体发动机	10	12	16
7	拆发动机油底壳	0.5	0.5	0.8
8	拆起动机 / 发电机	0.5	0.5	0.5

续上表

序号	拆检项目	工时，h		
		轻型客车	中型客车	大型客车
9	拆压缩机	1	1	1
10	拆手动变速器	5	5	6
11	解体手动变速器	3	3	4
12	拆自动变速器	6	6	—
13	解体检查自动变速器	4	4	—
14	拆检前悬架（单侧、含附件）	5	5	5
15	拆检后悬架（单侧、含附件）	5	5	5
16	拆检转向机	2	3	3
17	拆检制动部件	2	3	3
18	拆检进气歧管	2	2	2.5
19	拆检排气支管	1.5	2	2.5
20	拆检三元催化转换器	1	1	1
21	拆检消声器	0.5	0.5	0.6
22	拆检行李舱盖	—	0.5	0.6
23	拆检尾灯	0.3	0.3	0.3
24	拆检锁止机构	0.5	0.5	0.5
25	拆检仪表台	6	7	8
26	拆燃油箱	1.5	1.5	2
27	拆检车门（含门饰板、玻璃升降器、锁块）	2	2	2.5
28	拆安全带	0.5	0.5	0.5
29	拆座位	0.5	1	1
30	拆检通风天窗	3	3	3

第五章　客车车身涂装修复工时定额

序号	涂装部件	单位	工时，h
1	前围	m^2	3.5
2	前保险杠	m^2	3.5
3	车门	m^2	3.5
4	发动机室盖	m^2	3.5
5	后围	m^2	3.5
6	后保险杠	m^2	3.5
7	车身	m^2	3.5
8	行李舱门	m^2	3.5
9	车顶	m^2	3.5
10	底盘	m^2	2
11	倒车镜	个	1.5
12	其他附件	个	1
13	整车做漆	m^2	3.5
14	双色及多色做漆	m^2	5

备注：在结算时，每个部件的作业工时需单独核算，不足$1m^2$的按$1m^2$计算，超过$1m^2$的四舍五入。

第六章　客车专项作业工时定额

一、发动机维修专项作业工时定额

见燃料客车发动机故障诊断工时定额（第98页）和燃料客车发动机修理作业工时定额（第123页）。

二、电气系统维修专项作业工时定额

见燃料客车车身电器故障诊断工时定额（第111页）和燃料客车车身电器修理作业工时定额（第138页）。新能源客车高压系统维修见新能源客车三电系统故障诊断工时定额（第120页）和新能源客车三电系统修理作业工时定额（第144页）。

三、自动变速器维修专项作业工时定额

见燃料客车底盘故障诊断工时定额（第105页）和燃料客车底盘修理作业工时定额（第131页）。

四、轮胎动平衡及修补专项作业工时定额

序号	作业项目	单位	工时，h		
			轻型客车	中型客车	大型客车
1	换轮胎 / 轮辋	只	0.8	1.2	1.4
2	车轮动平衡	只	0.4	0.5	0.6
3	更换气门嘴	只	0.3	0.3	0.4
4	更换气门芯	只	0.1	0.1	0.1
5	补胎	只	1.2	1.6	1.9
6	车轮换位	对	0.4	0.4	0.6
7	轮胎充气	只	0.1	0.1	0.1

五、汽车润滑与养护专项作业工时定额

见燃料客车维护工时定额（第91页）。

六、喷油泵、喷油器维修专项作业工时定额

见燃料客车发动机修理作业工时定额（第123页）。

七、曲轴修磨和汽缸镗磨（机加工）专项作业工时定额

序号	机械加工项目	单位	工时，h
1	镗缸、镶套、珩磨缸	缸	1
2	镶套	缸	0.2
3	磨削缸盖平面 (4 缸)	只	1.2
4	磨削缸盖平面 (6 缸)	只	1.5
5	磨削缸体上平面 (4 缸)	只	1.2
6	磨削缸体上平面 (6 缸)	只	1.5
7	镶、铰削气门座圈	只	0.1
8	磨飞轮平面	个	0.9
9	取断头螺栓	个	0.5
10	镗制动鼓 (直径 400mm 及以上)	只	1
11	镗制动鼓 (直径 400mm 以下)	只	0.7
12	车闷头盖	只	0.2
13	车销子	只	0.2
14	车垫片	只	0.2
15	车内螺纹	只	0.2
16	车外螺纹	只	0.2
17	钻孔	个	0.1
18	攻螺纹	个	0.2

八、散热器维修专项作业工时定额

见燃料客车发动机修理作业工时定额（第123页）。

九、空调维修专项作业工时定额

见燃料客车车身电器故障诊断工时定额（第111页）、燃料客车车身电器修理作业工时定额（第138页）、新能源客车车身电器故障诊断工时定额（第121页）和新能源客车车身电器修理作业工时定额（第148页）。

十、车身维修专项作业工时定额

见客车车身整形修复工时定额（第150页）和客车车身涂装修复工时定额（第159页）。

十一、洗车工时定额

序号	车型	工时，h	
		外部清洗	内外部清洗
1	轻型客车	0.8	1.2
2	中型客车	1	1.5
3	大型客车	2	2.7

十二、玻璃安装及修复专项作业工时定额

序号	作业项目	工时，h		
		轻型客车	中型客车	大型客车
1	安装前风窗玻璃	2.5	3	4.5
2	安装驾驶人侧车窗玻璃	2	2	2
3	安装前排乘员侧车窗玻璃	2	2	2
4	安装车门玻璃	2	2	2
5	安装侧窗玻璃（固定）	2	2.5	3
6	安装侧窗玻璃（可移动）	2	2.5	3
7	安装安全玻璃	3	3.5	3.5
8	安装后风窗玻璃	2	2.5	3

备注：上述工时已包含清理玻璃碎渣和附件拆装时间。

第三篇

货车维护与故障诊断修理工时定额

第一章　货车维护工时定额

一、燃料货车维护工时定额

1.燃料货车一级维护工时定额

<table>
<tr><th rowspan="2">序号</th><th rowspan="2" colspan="2">作业项目</th><th colspan="3">工时，h</th></tr>
<tr><th>轻型货车</th><th>中型货车</th><th>重型货车</th></tr>
<tr><td rowspan="4">1</td><td rowspan="4">车辆外观及附属设施</td><td>检查后视镜，调整后视镜角度</td><td rowspan="4">0.2</td><td rowspan="4">0.3</td><td rowspan="4">0.4</td></tr>
<tr><td>检查灭火器、防滑链</td></tr>
<tr><td>检查安全带</td></tr>
<tr><td>检查风窗玻璃刮水器</td></tr>
<tr><td>2</td><td>油液</td><td>检查风窗玻璃雨刮液、尿素罐液面高度，视情补给</td><td>0.1</td><td>0.1</td><td>0.1</td></tr>
<tr><td rowspan="2">3</td><td rowspan="2">发动机</td><td>检查发动机润滑油、冷却液液面高度，视情补给</td><td rowspan="2">0.8</td><td rowspan="2">1</td><td rowspan="2">1.2</td></tr>
<tr><td>更换空气滤清器、机油滤清器和燃油滤清器</td></tr>
<tr><td rowspan="4">4</td><td rowspan="4">转向系统</td><td>检查部件连接</td><td rowspan="4">0.3</td><td rowspan="4">0.3</td><td rowspan="4">0.4</td></tr>
<tr><td>检查转向节有无损伤和裂纹</td></tr>
<tr><td>检查转向器润滑油及转向助力油</td></tr>
<tr><td>检查防尘套</td></tr>
</table>

续上表

<table>
<tr><th rowspan="2">序号</th><th colspan="2" rowspan="2">作业项目</th><th colspan="3">工时，h</th></tr>
<tr><th>轻型货车</th><th>中型货车</th><th>重型货车</th></tr>
<tr><td rowspan="6">5</td><td rowspan="6">制动系统</td><td>制动系统自检</td><td rowspan="6">0.4</td><td rowspan="6">0.5</td><td rowspan="6">0.6</td></tr>
<tr><td>检查制动液液面高度，视情补给</td></tr>
<tr><td>检查行车制动、驻车制动</td></tr>
<tr><td>检查制动管路、制动阀及接头</td></tr>
<tr><td>检查缓速器</td></tr>
<tr><td>检查储气筒</td></tr>
<tr><td rowspan="3">6</td><td rowspan="3">传动系统</td><td>检查各连接部位</td><td rowspan="3">0.2</td><td rowspan="3">0.2</td><td rowspan="3">0.2</td></tr>
<tr><td>检查变速器、主减速器和差速器</td></tr>
<tr><td>检查传动轴、万向节及中间支撑的松旷情况</td></tr>
<tr><td rowspan="4">7</td><td rowspan="4">行驶系统</td><td>检查轮胎外观、气压</td><td rowspan="4">0.2</td><td rowspan="4">0.3</td><td rowspan="4">0.4</td></tr>
<tr><td>检查车轮及轮毂螺栓、螺母</td></tr>
<tr><td>检查半轴的螺栓、螺母</td></tr>
<tr><td>检查轮辋及压条挡圈</td></tr>
<tr><td rowspan="4">8</td><td rowspan="4">照明、信号指示装置、仪表及监控装置</td><td>检查前照灯</td><td rowspan="4">0.2</td><td rowspan="4">0.2</td><td rowspan="4">0.2</td></tr>
<tr><td>检查信号指示装置</td></tr>
<tr><td>检查仪表</td></tr>
<tr><td>检查摄像头、车载终端等监控装置</td></tr>
<tr><td rowspan="4">9</td><td rowspan="4">其他</td><td>检查蓄电池</td><td rowspan="4">0.3</td><td rowspan="4">0.4</td><td rowspan="4">0.5</td></tr>
<tr><td>检查防护装置</td></tr>
<tr><td>全车润滑</td></tr>
<tr><td>整车密封</td></tr>
<tr><td>10</td><td colspan="2">合计</td><td>2.7</td><td>3.3</td><td>4</td></tr>
</table>

备注：执行《汽车维护、检测、诊断技术规范》(GB/T 18344)。

2. 燃料货车二级维护工时定额

<table>
<tr><th rowspan="2">序号</th><th rowspan="2" colspan="2">作业项目</th><th colspan="3">工时，h</th></tr>
<tr><th>轻型货车</th><th>中型货车</th><th>重型货车</th></tr>
<tr><td>1</td><td colspan="2">进厂检验</td><td>0.4</td><td>0.5</td><td>0.6</td></tr>
<tr><td rowspan="5">2</td><td rowspan="5">车辆外观及附属设施</td><td>检查后视镜，调整后视镜角度</td><td rowspan="5">0.2</td><td rowspan="5">0.3</td><td rowspan="5">0.4</td></tr>
<tr><td>检查灭火器、防滑链</td></tr>
<tr><td>检查安全带</td></tr>
<tr><td>检查风窗玻璃刮水器</td></tr>
<tr><td>检查停车楔、三角警告牌及反光背心</td></tr>
<tr><td>3</td><td>油液</td><td>检查风窗玻璃雨刮液、尿素罐液面高度，视情补给</td><td>0.1</td><td>0.1</td><td>0.1</td></tr>
<tr><td rowspan="12">4</td><td rowspan="12">发动机</td><td>检查发动机润滑油、冷却液液面高度，视情补给</td><td rowspan="12">2.3</td><td rowspan="12">2.5</td><td rowspan="12">2.7</td></tr>
<tr><td>更换空气滤清器、机油滤清器和燃油滤清器</td></tr>
<tr><td>检查发动机润滑油及冷却液</td></tr>
<tr><td>检查和调整喷油器和喷油泵</td></tr>
<tr><td>检查发动机排放机外净化装置</td></tr>
<tr><td>检查燃油蒸发控制装置</td></tr>
<tr><td>检查曲轴箱通风装置</td></tr>
<tr><td>检查增压器、中冷器</td></tr>
<tr><td>检查发电机、起动机</td></tr>
<tr><td>检查发动机传动带（链）</td></tr>
<tr><td>检查冷却装置</td></tr>
</table>

续上表

<table>
<tr><th rowspan="2">序号</th><th rowspan="2" colspan="2">作业项目</th><th colspan="3">工时，h</th></tr>
<tr><th>轻型货车</th><th>中型货车</th><th>重型货车</th></tr>
<tr><td rowspan="4">4</td><td rowspan="4">发动机</td><td>检查火花塞、高压线</td><td rowspan="4">2.3</td><td rowspan="4">2.5</td><td rowspan="4">2.7</td></tr>
<tr><td>检查并调整气门间隙</td></tr>
<tr><td>检查进气歧管、排气支管、消声器、排气管</td></tr>
<tr><td>检查发动机总成</td></tr>
<tr><td rowspan="6">5</td><td rowspan="6">转向系统</td><td>检查部件连接</td><td rowspan="6">1.5</td><td rowspan="6">2</td><td rowspan="6">3.5</td></tr>
<tr><td>检查转向节有无损伤和裂纹</td></tr>
<tr><td>检查转向器润滑油及转向助力油</td></tr>
<tr><td>检查转向器和转向传动机构</td></tr>
<tr><td>检查防尘套</td></tr>
<tr><td>检查转向盘最大自由转动量</td></tr>
<tr><td rowspan="11">6</td><td rowspan="11">制动系统</td><td>检查制动系统自检</td><td rowspan="11">4</td><td rowspan="11">6</td><td rowspan="11">8</td></tr>
<tr><td>检查制动液液面高度，视情补给</td></tr>
<tr><td>检查行车制动、驻车制动</td></tr>
<tr><td>检查制动轮缸、制动管路、制动阀及接头</td></tr>
<tr><td>检查缓速器</td></tr>
<tr><td>检查气泵、储气筒、干燥器</td></tr>
<tr><td>检查制动踏板</td></tr>
<tr><td>检查驻车制动</td></tr>
<tr><td>检查防抱死制动装置</td></tr>
<tr><td>检查鼓式制动器</td></tr>
<tr><td>检查盘式制动器</td></tr>
</table>

续上表

序号	作业项目		工时，h		
			轻型货车	中型货车	重型货车
7	传动系统	检查各连接部位	0.6	0.7	0.8
		检查变速器、主减速器和差速器			
		检查离合器并按需要调整离合器踏板自由行程			
		检查传动轴、万向节及中间支撑的松旷情况，视需要可解体检查和调整传动轴			
8	行驶系统	检查轮胎外观、气压	1.8	2	3
		检查车轮及轮毂螺栓、螺母			
		检查半轴的螺栓、螺母			
		检查轮辋及压条挡圈			
		检查车轮及轮胎			
		检查悬架			
		检查车桥			
9	照明、信号指示装置及仪表	检查前照灯	0.3	0.3	0.3
		检查信号指示装置			
		检查仪表			
		检查线束及导线			
10	车架车身	检查车架和车身	0.5	0.5	0.5
		检查支撑装置			
		检查牵引车与挂车连接装置			

续上表

序号	作业项目		工时，h		
			轻型货车	中型货车	重型货车
11	其他	检查蓄电池	0.6	0.8	1
		检查防护装置			
		全车润滑			
12	竣工检验		1	1	1
13	合计		13.3	16.7	21.9

备注：执行《汽车维护、检测、诊断技术规范》（GB/T 18344）。

二、天然气货车维护工时定额

1.天然气货车一级维护工时定额

序号	作业项目		工时，h		
			轻型货车	中型货车	重型货车
1	储气装置	检查燃料气瓶和固定支架	0.4	0.4	0.5
		检查管路、接头及卡箍			
		检查截止阀、充气阀、组合阀、止回阀、调压阀等控制阀的密封性和工作性能			
		检查加气口或加液口			

续上表

<table>
<tr><th rowspan="2">序号</th><th rowspan="2" colspan="2">作业项目</th><th colspan="3">工时，h</th></tr>
<tr><th>轻型货车</th><th>中型货车</th><th>重型货车</th></tr>
<tr><td rowspan="7">2</td><td rowspan="7">燃料供给装置</td><td>检查减压调节器</td><td rowspan="7">0.6</td><td rowspan="7">0.7</td><td rowspan="7">0.8</td></tr>
<tr><td>检查混合器及相关零部件密封情况，视情更换密封胶圈</td></tr>
<tr><td>检查高压电磁阀</td></tr>
<tr><td>检查电喷控制装置性能</td></tr>
<tr><td>检查压力表、液位计</td></tr>
<tr><td>检查汽化器及其循环水路、缓冲罐</td></tr>
<tr><td>检查燃气计量阀</td></tr>
<tr><td rowspan="5">3</td><td rowspan="5">燃料转换及控制装置</td><td>检查燃料转换开关、仪表及插接件、搭铁是否良好</td><td rowspan="5">1</td><td rowspan="5">1</td><td rowspan="5">1</td></tr>
<tr><td>检查燃料转换开关、仪表</td></tr>
<tr><td>检查燃料电磁阀</td></tr>
<tr><td>检查汽油电磁阀检查、调整步进电机</td></tr>
<tr><td>检查泄漏报警装置工作性能</td></tr>
<tr><td>4</td><td>其他</td><td>检查天然气汽车专用标志</td><td>0.1</td><td>0.1</td><td>0.1</td></tr>
<tr><td>5</td><td colspan="2">与燃料货车一级维护相同项目</td><td>2.7</td><td>3.3</td><td>4</td></tr>
<tr><td>6</td><td colspan="2">合计</td><td>4.8</td><td>5.5</td><td>6.4</td></tr>
</table>

备注：执行《压缩天然气汽车技术规范》（GB/T 27876）和《液化天然气汽车维护技术规范》（JT/T 1009）。

2. 天然气货车二级维护工时定额

<table>
<tr><th rowspan="2">序号</th><th rowspan="2" colspan="2">作业项目</th><th colspan="3">工时，h</th></tr>
<tr><th>轻型货车</th><th>中型货车</th><th>重型货车</th></tr>
<tr><td>1</td><td colspan="2">进厂检验</td><td>0.4</td><td>0.5</td><td>0.6</td></tr>
<tr><td rowspan="7">2</td><td rowspan="7">储气装置</td><td>检查燃料气瓶和固定支架</td><td rowspan="7">0.6</td><td rowspan="7">0.6</td><td rowspan="7">0.8</td></tr>
<tr><td>检查管路、接头及卡箍</td></tr>
<tr><td>检查截止阀、充气阀、组合阀、止回阀、调压阀、过流阀等控制阀的密封性和工作性能</td></tr>
<tr><td>检查加气口或加液口</td></tr>
<tr><td>检查回气口</td></tr>
<tr><td>检查各连接部位有无泄漏</td></tr>
<tr><td>检查压力传感器及压力表</td></tr>
<tr><td rowspan="9">3</td><td rowspan="9">燃料供给装置</td><td>检查减压调节器</td><td rowspan="9">0.8</td><td rowspan="9">1</td><td rowspan="9">1.2</td></tr>
<tr><td>检查混合器及相关零部件密封情况，视情更换密封胶圈</td></tr>
<tr><td>检查高压电磁阀</td></tr>
<tr><td>检查电喷控制装置性能</td></tr>
<tr><td>检查压力表、液位计</td></tr>
<tr><td>检查汽化器及其循环水路、缓冲罐</td></tr>
<tr><td>检查安全阀</td></tr>
<tr><td>检查低压管路及卡箍</td></tr>
<tr><td>检查滤清器</td></tr>
</table>

续上表

<table>
<tr><th rowspan="2">序号</th><th rowspan="2" colspan="2">作业项目</th><th colspan="3">工时，h</th></tr>
<tr><th>轻型货车</th><th>中型货车</th><th>重型货车</th></tr>
<tr><td rowspan="6">4</td><td rowspan="6">燃料转换及控制装置</td><td>检查燃料转换开关、仪表及插接件、搭铁是否良好</td><td rowspan="6">1</td><td rowspan="6">1</td><td rowspan="6">1</td></tr>
<tr><td>检查、清理线束，视情更换线束和接头</td></tr>
<tr><td>检查燃料、汽油电磁阀工作性能</td></tr>
<tr><td>检查、调整步进电机</td></tr>
<tr><td>检查电控单元（ECU）及传感器</td></tr>
<tr><td>检查泄漏报警装置工作性能</td></tr>
<tr><td>5</td><td>其他</td><td>检查天然气汽车专用标志</td><td>0.1</td><td>0.1</td><td>0.1</td></tr>
<tr><td>6</td><td colspan="2">与燃料货车二级维护相同项目</td><td>11.9</td><td>15.2</td><td>20.3</td></tr>
<tr><td>7</td><td colspan="2">竣工检验</td><td>1</td><td>1</td><td>1</td></tr>
<tr><td>8</td><td colspan="2">合计</td><td>15.8</td><td>19.4</td><td>25</td></tr>
</table>

备注：执行《压缩天然气汽车技术规范》（GB/T 27876）和《液化天然气汽车维护技术规范》（JT/T 1009）。

三、新能源货车（纯电动）维护工时定额

1.新能源货车（纯电动）一级维护工时定额

<table>
<tr><th rowspan="2">序号</th><th rowspan="2">检查维护项目</th><th colspan="3">工时，h</th></tr>
<tr><th>轻型货车</th><th>中型货车</th><th>重型货车</th></tr>
<tr><td>1</td><td>检查整车绝缘</td><td>0.1</td><td>0.1</td><td>0.1</td></tr>
<tr><td>2</td><td>检查仪表、信号指示装置</td><td>0.1</td><td>0.1</td><td>0.1</td></tr>
</table>

续上表

<table>
<tr><th rowspan="2">序号</th><th rowspan="2" colspan="2">检查维护项目</th><th colspan="3">工时，h</th></tr>
<tr><th>轻型货车</th><th>中型货车</th><th>重型货车</th></tr>
<tr><td rowspan="4">3</td><td rowspan="4">驱动电机系统</td><td>检查外观及连接管路</td><td rowspan="4">0.4</td><td rowspan="4">0.4</td><td rowspan="4">0.4</td></tr>
<tr><td>检查工作状况</td></tr>
<tr><td>检查冷却系统</td></tr>
<tr><td>检查润滑系统</td></tr>
<tr><td rowspan="3">4</td><td rowspan="3">动力蓄电池系统</td><td>检查外观</td><td rowspan="3">0.4</td><td rowspan="3">0.4</td><td rowspan="3">0.4</td></tr>
<tr><td>检查冷却系统</td></tr>
<tr><td>检查工作状况</td></tr>
<tr><td>5</td><td colspan="2">检查电动空气压缩机</td><td>0.1</td><td>0.1</td><td>0.1</td></tr>
<tr><td>6</td><td colspan="2">检查电动转向系统</td><td>0.1</td><td>0.1</td><td>0.1</td></tr>
<tr><td>7</td><td colspan="2">检查空调系统、电除霜器</td><td>0.2</td><td>0.2</td><td>0.3</td></tr>
<tr><td>8</td><td colspan="2">检查制动能量回收系统</td><td>0.2</td><td>0.2</td><td>0.3</td></tr>
<tr><td>9</td><td colspan="2">检查电器舱、电池舱、高压配电系统、高压维修开关、充电插座、车载充电机、电源变换器、整车线束、接插件、高压警告标记</td><td>0.5</td><td>0.6</td><td>0.7</td></tr>
<tr><td>10</td><td colspan="2">与燃料货车一级维护相同项目</td><td>1.6</td><td>2</td><td>2.5</td></tr>
<tr><td>11</td><td colspan="2">合计</td><td>3.7</td><td>4.2</td><td>5</td></tr>
</table>

备注：执行《纯电动汽车维护、检测、诊断技术规范》(JT/T 1344)。

2.新能源货车(纯电动)二级维护工时定额

<table>
<tr><th rowspan="2">序号</th><th rowspan="2">检查维护项目</th><th colspan="3">工时，h</th></tr>
<tr><th>轻型货车</th><th>中型货车</th><th>重型货车</th></tr>
<tr><td>1</td><td>进厂检验</td><td>0.4</td><td>0.5</td><td>0.6</td></tr>
<tr><td>2</td><td>检查整车绝缘</td><td>0.1</td><td>0.1</td><td>0.1</td></tr>
</table>

续上表

<table>
<tr><th rowspan="2">序号</th><th rowspan="2" colspan="2">检查维护项目</th><th colspan="3">工时，h</th></tr>
<tr><th>轻型货车</th><th>中型货车</th><th>重型货车</th></tr>
<tr><td>3</td><td colspan="2">检查仪表、信号指示装置</td><td>0.1</td><td>0.1</td><td>0.1</td></tr>
<tr><td rowspan="5">4</td><td rowspan="5">驱动电机系统</td><td>检查外观及连接管路</td><td rowspan="5">0.7</td><td rowspan="5">0.8</td><td rowspan="5">0.9</td></tr>
<tr><td>检查工作状况</td></tr>
<tr><td>检查冷却系统</td></tr>
<tr><td>检查润滑系统</td></tr>
<tr><td>检查紧固情况</td></tr>
<tr><td rowspan="5">5</td><td rowspan="5">动力蓄电池系统</td><td>检查外观</td><td rowspan="5">0.7</td><td rowspan="5">0.8</td><td rowspan="5">0.9</td></tr>
<tr><td>检查冷却系统</td></tr>
<tr><td>检查工作状况</td></tr>
<tr><td>检查紧固情况</td></tr>
<tr><td>检查气密性</td></tr>
<tr><td>6</td><td colspan="2">检查电动空气压缩机</td><td>0.1</td><td>0.1</td><td>0.1</td></tr>
<tr><td>7</td><td colspan="2">检查电动转向系统</td><td>0.3</td><td>0.3</td><td>0.4</td></tr>
<tr><td>8</td><td colspan="2">检查空调系统、电除霜器</td><td>0.3</td><td>0.3</td><td>0.4</td></tr>
<tr><td>9</td><td colspan="2">检查制动能量回收系统</td><td>0.2</td><td>0.2</td><td>0.3</td></tr>
<tr><td>10</td><td colspan="2">检查电器舱、电池舱、高压配电系统、高压维修开关、充电插座、车载充电机、电源变换器、整车线束、接插件、高压警告标记</td><td>0.8</td><td>1</td><td>1.2</td></tr>
<tr><td>12</td><td colspan="2">与燃料货车二级维护相同项目</td><td>8.3</td><td>11.2</td><td>15.4</td></tr>
<tr><td>13</td><td colspan="2">竣工检验</td><td>1</td><td>1</td><td>1</td></tr>
<tr><td>14</td><td colspan="2">合计</td><td>13</td><td>16.4</td><td>21.4</td></tr>
</table>

备注：执行《纯电动汽车维护、检测、诊断技术规范》(JT/T 1344)。

第二章　货车故障诊断工时定额

一、燃料货车故障诊断工时定额

1.燃料货车发动机故障诊断工时定额

<table>
<tr><th>序号</th><th>故障现象</th><th colspan="2">诊断项目</th><th>工时，h</th></tr>
<tr><td>1</td><td rowspan="15">发动机无法起动</td><td colspan="2">无电（含蓄电池、发电机）</td><td>0.3</td></tr>
<tr><td>2</td><td rowspan="3">不供油</td><td>燃油泵</td><td>0.3</td></tr>
<tr><td>3</td><td>继电器、熔断丝</td><td>0.2</td></tr>
<tr><td>4</td><td>燃油滤芯堵塞</td><td>0.4</td></tr>
<tr><td>5</td><td colspan="2">起动机故障</td><td>0.3</td></tr>
<tr><td>6</td><td colspan="2">配气相位异常</td><td>1</td></tr>
<tr><td>7</td><td colspan="2">信号故障（防盗、挡位、离合器等）</td><td>0.3</td></tr>
<tr><td>8</td><td colspan="2">网络故障</td><td>0.4</td></tr>
<tr><td>9</td><td colspan="2">传感器（曲轴、凸轮轴、油轨压力传感器等）和执行器失效</td><td>0.5</td></tr>
<tr><td>10</td><td colspan="2">进油计量比例阀故障</td><td>0.5</td></tr>
<tr><td>11</td><td colspan="2">EGR 阀故障</td><td>0.5</td></tr>
<tr><td>12</td><td colspan="2">油路有空气</td><td>0.8</td></tr>
<tr><td>13</td><td colspan="2">手油泵故障</td><td>0.3</td></tr>
<tr><td>14</td><td colspan="2">不点火</td><td>0.5</td></tr>
<tr><td>15</td><td colspan="2">机械故障（抱轴、抱瓦、传动卡滞等）</td><td>1</td></tr>
</table>

续上表

序号	故障现象	诊断项目	工时，h
16	发动机难起动	蓄电池亏电	0.1
17		混合气异常（含 EVAP、PCV、油品）	0.4
18		点火异常（含火花塞）	0.3
19		配气相位异常	1
20		传感器和执行器失效（水温、空气流量、节气门等）	0.5
21		进排气不畅	1
22		DPF 故障（堵塞）	0.3
23		机械故障（含汽缸压力异常）	2.5
24		手油泵故障	0.3
25		油水分离器故障	0.4
26		燃油滤芯堵塞	0.4
27	发动机异常熄火	混合气异常（含油品）	0.4
28		点火异常	0.3
29		传感器和执行器失效（节气门、空气流量等）	0.5
30		进油管路进空气或堵塞	0.8
31		线路接触不良	0.5

续上表

<table>
<tr><th>序号</th><th>故障现象</th><th colspan="2">诊断项目</th><th>工时，h</th></tr>
<tr><td>32</td><td rowspan="7">怠速不稳；
怠速过高；
怠速抖动；
加速抖动；
转速忽高忽低；
发动机抖动</td><td colspan="2">火花塞故障</td><td>0.4</td></tr>
<tr><td>33</td><td colspan="2">喷油器故障</td><td>0.5</td></tr>
<tr><td>34</td><td colspan="2">发电机故障</td><td>0.3</td></tr>
<tr><td>35</td><td colspan="2">机械故障（含汽缸压力异常）</td><td>2.5</td></tr>
<tr><td>36</td><td colspan="2">漏气</td><td>1</td></tr>
<tr><td>37</td><td colspan="2">正时跳齿（含平衡轴）</td><td>1</td></tr>
<tr><td>38</td><td colspan="2">缓冲连接件损坏</td><td>0.5</td></tr>
<tr><td>39</td><td rowspan="14">加速无力
动力不足</td><td colspan="2">信号失准（踏板位置、节气门等）</td><td>0.4</td></tr>
<tr><td>40</td><td rowspan="3">供油不畅（含油品）</td><td>燃油泵</td><td>0.5</td></tr>
<tr><td>41</td><td>喷油器</td><td>0.5</td></tr>
<tr><td>42</td><td>滤清器</td><td>0.4</td></tr>
<tr><td>43</td><td colspan="2">点火弱</td><td>0.3</td></tr>
<tr><td>44</td><td colspan="2">配气相位偏差</td><td>1</td></tr>
<tr><td>45</td><td colspan="2">涡轮增压器故障</td><td>0.5</td></tr>
<tr><td>46</td><td colspan="2">进排气不畅</td><td>1</td></tr>
<tr><td>47</td><td colspan="2">进油计量比例阀故障</td><td>0.5</td></tr>
<tr><td>48</td><td colspan="2">DPF 故障（堵塞）</td><td>0.3</td></tr>
<tr><td>49</td><td colspan="2">后处理故障（尿素）</td><td>0.5</td></tr>
<tr><td>50</td><td colspan="2">进气压力传感器故障</td><td>0.4</td></tr>
<tr><td>51</td><td colspan="2">EGR 阀故障</td><td>0.5</td></tr>
<tr><td>52</td><td colspan="2">机械故障（含汽缸压力异常）</td><td>2.5</td></tr>
</table>

续上表

序号	故障现象	诊断项目	工时，h
53	发动机冷却液温度高	水泵故障	1
54		节温器损坏	1
55		水管损坏	0.2
56		散热器内部堵塞故障	0.5
57		缺冷却液	0.1
58		风扇离合器坏	0.4
59		散热器外部脏	0.2
60		汽缸垫漏气	0.5
61		打气泵缸盖故障	0.4
62		机械故障	0.5
63		信号失真	0.3
64	发动机冷却液温度低	节温器损坏	1
65		信号失真	0.3
66	发动机漏水、耗水	外部漏水	0.5
67		内部漏水	1
68		暖风水箱漏水	0.8
69	发动机油耗高	混合气异常（含油品）	0.5
70		缺缸	0.3

续上表

<table>
<tr><th>序号</th><th>故障现象</th><th colspan="2">诊断项目</th><th>工时，h</th></tr>
<tr><td>71</td><td rowspan="5">发动机油耗高</td><td colspan="2">喷油器异常</td><td>0.5</td></tr>
<tr><td>72</td><td colspan="2">空气滤芯堵塞</td><td>0.3</td></tr>
<tr><td>73</td><td colspan="2">信号失准（含水温、进气压力）</td><td>0.3</td></tr>
<tr><td>74</td><td colspan="2">进排气不畅</td><td>1</td></tr>
<tr><td>75</td><td colspan="2">水温低</td><td>0.5</td></tr>
<tr><td>76</td><td rowspan="8">发动机漏机油；耗机油</td><td rowspan="4">油封、密封件失效</td><td>气门室盖衬垫</td><td>0.2</td></tr>
<tr><td>77</td><td>凸轮轴油封</td><td>0.2</td></tr>
<tr><td>78</td><td>曲轴前油封</td><td>0.2</td></tr>
<tr><td>79</td><td>曲轴后油封</td><td>0.3</td></tr>
<tr><td>80</td><td colspan="2">机油散热器及管路</td><td>0.3</td></tr>
<tr><td>81</td><td colspan="2">曲轴箱通风装置异常</td><td>0.2</td></tr>
<tr><td>82</td><td colspan="2">涡轮增压器故障</td><td>1</td></tr>
<tr><td>83</td><td colspan="2">汽缸密封异常（含气门油封）</td><td>0.5</td></tr>
<tr><td>84</td><td rowspan="2">发动机异响</td><td colspan="2">发动机本体响（内部）</td><td>1</td></tr>
<tr><td>85</td><td colspan="2">发动机附件响（外部）</td><td>1</td></tr>
<tr><td>86</td><td>冒蓝烟</td><td colspan="2">烧机油</td><td>0.2</td></tr>
<tr><td>87</td><td rowspan="5">冒黑烟</td><td rowspan="5">混合气浓</td><td>油品</td><td>0.5</td></tr>
<tr><td>88</td><td>喷油器</td><td>0.5</td></tr>
<tr><td>89</td><td>氧传感器</td><td>0.4</td></tr>
<tr><td>90</td><td>进气堵塞</td><td>0.5</td></tr>
<tr><td>91</td><td>空气流量传感器（或MAP）</td><td>0.4</td></tr>
</table>

续上表

序号	故障现象	诊断项目		工时，h
92	冒白烟	烧水		0.4
93		喷油雾化不良		0.6
94	故障灯亮	排放相关故障		0.8
95		红色灯亮	充电指示	0.2
96			制动	0.3
97			机油压力	0.3
98			冷却液	0.3
99			气囊（含安全带）	0.4
100		黄色灯亮		0.3
101		其他故障		0.4
102	驾驶员警报灯亮；发动机故障灯亮	尿素系统	尿素液位传感器	0.3
103			尿素品质传感器	0.3
104			尿素品质	0.2
105			尿素泵	1
106			尿素结晶	0.3
107			尿素滤网脏堵	0.3
108			气驱 / 电驱系统	1
109			尿素喷嘴	0.3
110			尿素管路	0.4
111			尿素加热系统	0.4
112		DOC/SCR 硫中毒		1

续上表

序号	故障现象	诊断项目		工时，h
113	驾驶员警报灯亮； 发动机故障灯亮	后处理传感器故障	DOC 前排温传感器	0.2
114			DPF 前排温传感器	0.2
115			SCR 前排温传感器	0.2
116			SCR 后排温传感器	0.2
117			压差传感器	0.3
118			上游 NO*x* 传感器	0.3
119			下游 NO*x* 传感器	0.3
120			颗粒物（PM）传感器	0.3
121		载体失效	DOC	1
122			DPF	1
123			SCR	1
124		后处理密封不良		0.5
125		其他	燃油品质	0.3
126			EGR 系统	0.8
127			涡轮增压系统	0.8
128			空气滤清器脏堵	0.5
129			柴油滤清器脏堵	0.6
130			喷油器	0.8
131			HC 喷射系统	0.8
132			软件漏洞（BUG）	0.5

续上表

序号	故障现象	诊断项目		工时，h
133	频繁再生	频繁再生报警	压差传感器	0.3
134			硫中毒	1
135			灰分过多	1
136			氧化催化器（DOC）失效	1
137		后处理密封不良		0.5
138		其他	燃油品质	0.3
139			机油品质	0.3
140			EGR 系统	0.8
141			涡轮增压系统	0.8
142			空气滤清器脏堵	0.5
143			柴油滤清器脏堵	0.6
144			喷油器	0.8
145			HC 喷射系统	0.8
146			软件漏洞（BUG）	0.5
147	限速限扭	激活驾驶员诱导系统		0.5
148		激活防驾驶员作弊系统		0.5
149	机油液位升高（非频繁再生项目）			0.6
150	车载自动诊断系统（OBD）检测未就绪	未就绪原因排查		0.5
151	氨逃逸催化器ASC故障	喷射催化剂过多或过少	催化器系统受损	1

2.燃料货车底盘故障诊断工时定额

序号	分类	故障现象	诊断项目	工时，h
1	传动系统	离合器打滑；离合器分离不清	离合器故障	0.3
2			主缸故障	0.4
3			工作缸故障	0.5
4			压板故障	0.5
5		离合器抖动	离合器片故障（含缓冲块）	0.5
6			压盘、飞轮故障	0.6
7			操纵机构压不到位	0.4
8			分离轴承故障	0.3
9			导向轴承故障	0.5
10		离合器异响	分离轴承故障	0.3
11			导向轴承故障	0.5
12			压盘、飞轮故障	0.6
13			离合器片故障	0.5
14			操纵机构（含踏板）故障	0.4
15		离合器硬（踩不动）	操纵机构（含踏板）故障	0.4
16			压盘故障	0.5
17		离合器漏油	主缸故障	0.2
18			工作缸（含分离轴承）故障	0.2
19			油管泄漏	0.3

续上表

序号	分类	故障现象	诊断项目	工时，h
20	传动系统	离合器踏板行程不正常	操纵机构故障	0.2
21			压盘、飞轮故障	0.6
22		手动变速器异响	外部操纵机构故障	0.5
23			内部异响	1
24			高低挡切换异响	1
25		手动变速器自动脱挡	自锁装置故障	0.9
26			齿轮齿套故障	1
27			操纵机构松旷	0.5
28		手动变速器不能正常挂挡	操纵机构故障	0.5
29			齿轮、同步器故障	0.3
30			离合器故障	0.3
31		自动变速器故障	信号失准	0.8
32			内部机械故障	1
33			油液问题	0.5
34		传动部分抖动和异响	传动轴异响	0.3
35			传动轴抖动	0.3
36			驱动桥异响	1
37		驱动桥漏油	密封件老化	0.1
38			接触面变形	0.1
39			通气孔堵塞	0.1

续上表

序号	分类	故障现象	诊断项目	工时，h
40	转向系统	转向沉重	转向机故障	0.4
41			助力泵故障	0.4
42			转向节故障	1
43			转向助力泵缺油或油管及油壶故障	0.1
44			转向柱万向节	0.3
45			电控助力转向系统模块、传感器、执行器及线路故障	0.8
46			悬架支撑轴承	0.3
47		转向盘行驶抖动	综合故障检测路试	2
48		转向异响	转向柱万向节	0.3
49			转向助力泵缺油	0.1
50			拉杆球头故障	0.3
51			悬架支撑轴承故障	0.3
52			悬架连接干涉	1
53		转向松旷	转向机间隙异常	0.3
54			拉杆球头松旷	0.3
55			万向节松旷	0.3
56			悬架故障	0.4
57		液压助力系统漏油	元器件损坏（含泵体、转向机、散热器）	0.3
58			油管漏油	0.5

续上表

序号	分类	故障现象	诊断项目	工时，h
59	行驶系统	行驶跑偏	车轮定位异常	1
60			轮胎异常	0.1
61			制动异常	0.3
62			悬架故障	0.4
63		轮胎异常磨损	车轮定位异常	1
64			轮胎异常（含轮胎气压和动平衡）	1
65		轮胎压力报警	气压不正常	0.2
66			接收模块及线路故障	0.4
67			轮胎压力传感器故障	0.3
68			电磁干扰	0.3
69			自诊断系统故障	0.3
70		前（后）悬架松旷异响	综合检查	1
71		前（后）减振器漏油	排查	0.2
72		电控悬架不工作； 车身高度不一致	传感器、执行器及线路故障	0.5
73			控制模块及线路故障	0.5
74			漏气（漏油）	0.2
75	制动系统	制动跑偏	左右制动力不均匀	0.4
76			车轮定位异常	1

续上表

序号	分类	故障现象	诊断项目	工时，h
77	制动系统	制动跑偏	悬架故障	0.4
78			轮胎异常磨损	0.1
79			轮缸工作不良	0.4
80			ABS 系统故障	0.5
81		制动异响	制动摩擦片故障	0.4
82			制动盘（含制动鼓）故障	0.5
83			卡钳（导销）异常	0.5
84			制动助力系统故障	0.4
85			操纵机构故障	0.4
86		制动时抖动	制动盘（鼓）故障	0.5
87			制动摩擦片故障	0.4
88			前后轮轴承故障	0.4
89			悬架故障	0.4
90			ABS 异常	0.5
91		制动效果差（软、硬）	主缸、轮缸、助力泵、继动阀故障	0.6
92			制动鼓，制动盘、片，调整臂故障	0.6
93			液压系统有空气	0.3
94			制动间隙过大 / 过小	0.4
95		制动卡滞（发咬）	轮缸、主缸回位异常	0.5
96			定位销偏心轴卡滞	0.5

续上表

序号	分类	故障现象	诊断项目	工时，h
97	制动系统	制动卡滞（发咬）	继动阀故障	0.5
98			制动间隙过小	0.4
99		制动片（盘）异常磨损	轮缸、主缸回位异常	0.5
100			导销卡滞	0.5
101			制动钳卡滞	0.5
102		制动系统漏气	轮缸、主缸漏气	0.2
103			气管漏气	0.6
104		ABS/ESP 故障灯亮	传感器及信号盘异常	0.3
105			线路异常	0.5
106			安装位置（间隙）不正常	0.2
107			模块故障	0.5
108			电磁干扰	0.5

3.燃料货车车身电器故障诊断工时定额

序号	分类	故障现象	诊断项目	工时，h
1	灯光	车灯不亮（前照灯、转向灯、倒车灯、示廓灯、制动灯、雾灯等）	灯泡损坏	0.1
2			继电器（含熔断丝）故障	0.1
3			线路故障	1
4			开关故障	0.4
5			前照灯模块故障	1
6			灯光控制模块故障	1

续上表

<table>
<tr><th>序号</th><th>分类</th><th>故障现象</th><th colspan="2">诊断项目</th><th>工时，h</th></tr>
<tr><td>7</td><td rowspan="4">灯光</td><td rowspan="3">车灯（前照灯）亮度不够</td><td colspan="2">灯泡损坏</td><td>0.1</td></tr>
<tr><td>8</td><td colspan="2">反光板异常</td><td>0.1</td></tr>
<tr><td>9</td><td colspan="2">面罩异常</td><td>0.1</td></tr>
<tr><td>10</td><td>前照灯照射位置不正常</td><td colspan="2">排查</td><td>0.1</td></tr>
<tr><td>11</td><td rowspan="15">刮水器</td><td rowspan="4">刮水器不工作</td><td colspan="2">电机故障</td><td>0.5</td></tr>
<tr><td>12</td><td colspan="2">开关故障</td><td>0.5</td></tr>
<tr><td>13</td><td colspan="2">联动机构故障</td><td>0.2</td></tr>
<tr><td>14</td><td colspan="2">继电器、熔断丝、线路故障</td><td>0.2</td></tr>
<tr><td>15</td><td rowspan="3">刮不干净</td><td colspan="2">刮片损坏</td><td>0.1</td></tr>
<tr><td>16</td><td colspan="2">安装位置不正确</td><td>0.1</td></tr>
<tr><td>17</td><td colspan="2">附着油污</td><td>0.1</td></tr>
<tr><td>18</td><td rowspan="5">刮水器不喷水</td><td colspan="2">缺雨刮液</td><td>0.1</td></tr>
<tr><td>19</td><td rowspan="2">漏（堵）</td><td>壶本体漏（堵）</td><td>0.1</td></tr>
<tr><td>20</td><td>喷嘴和管路漏（堵）</td><td>0.2</td></tr>
<tr><td>21</td><td colspan="2">电机故障</td><td>0.2</td></tr>
<tr><td>22</td><td colspan="2">开关及线路故障</td><td>0.5</td></tr>
<tr><td>23</td><td rowspan="3">喷水位置不对</td><td colspan="2">角度不正确</td><td>0.1</td></tr>
<tr><td>24</td><td rowspan="2">压力异常</td><td>堵塞</td><td>0.1</td></tr>
<tr><td>25</td><td>喷水电机</td><td>0.1</td></tr>
</table>

续上表

序号	分类	故障现象	诊断项目	工时，h
26	刮水器	刮水器回位不准确	回位开关故障	0.5
27			电机故障	0.5
28			机械卡滞	0.3
29			线路故障	1
30		刮水器挡位（速度）异常	电机故障	0.5
31			开关故障	0.5
32	车窗	天窗漏水	排水道堵塞	0.4
33			密封件老化	0.3
34			天窗变形	0.2
35		门窗升降异常	开关故障	0.2
36			电机故障	0.6
37			模块和线路故障	1
38			升降联动机构故障	0.6
39			门窗密封条损坏	0.1
40		车窗异响	升降联动机构故障	0.6
41			密封条损坏	0.1
42			电机故障	0.6
43			车窗变形	0.1
44	后视镜	车外后视镜不能调整； 车外后视镜不除霜（雾）； 车内后视镜功能异常	开关故障	0.4
45			电机故障	0.5
46			线路故障	1

续上表

序号	分类	故障现象	诊断项目	工时，h
47	喇叭	喇叭不响； 喇叭声音异常	喇叭本体故障	0.3
48			开关故障	0.2
49			螺旋线圈故障	0.6
50			线路故障	1
51	门锁	车门无法开启或关闭； 车门无法解（闭）锁	锁机（含中控、解锁、卡滞）故障	1
52			联动机构（含把手）故障	0.5
53			开关、线路、模块故障	1
54		遥控失效	遥控器（含电池）故障	0.1
55			接收器（含天线）故障	0.2
56			电磁干扰	0.2
57			线路和模块故障	1
58	座椅	电动座椅无法调整	开关故障	0.5
59			电机故障	0.6
60			线路故障	1
61	安全气囊和安全带	安全气囊故障灯亮	螺旋线圈故障	0.5
62			传感器（含安全带）故障	0.5
63			模块故障	1
64			线路故障	1
65			安全气囊本体故障	1

续上表

序号	分类	故障现象	诊断项目	工时，h
66	安全气囊和安全带	安全带无法惯性锁止；安全带拉伸（卷收）不正常	安全带本体故障	0.2
67			安装位置不正确	0.3
68	巡航系统	巡航系统（不工作）故障灯亮	开关故障	0.5
69			线路故障	1
70			执行器元件本体故障	1
71			模块故障	1
72	车内电源	车内电源（点烟器）不正常	熔断丝损坏	0.1
73			线路故障	0.5
74			电源本体故障	0.2
75			外加负载	0.1
76	组合仪表	组合仪表不亮	仪表电源电路故障	0.7
77			仪表本体故障	0.7
78		组合仪表个别灯不正常	仪表对应部分电路故障	0.7
79	音响和娱乐系统	黑屏	排查	0.2
80		无声音	排查	0.3
81		功能不正常	排查	0.4
82	空调系统	空调不制冷	压缩机本体故障	1
83			制冷剂缺失	0.2
84			膨胀阀、节流管故障	0.7

续上表

序号	分类	故障现象	诊断项目	工时，h
85	空调系统	空调不制冷	继电器（熔断丝）故障	0.2
86			输入信号失真	0.5
87			线路故障	1
88			风门控制元件故障	0.5
89			控制开关及模块故障（含面板）	0.5
90		空调不制热	暖风开关故障	0.3
91			暖风水箱故障	0.5
92			缺冷却液	0.1
93			控制电路故障(含面板)	0.5
94			节温器故障	0.2
95			风门控制元件故障	0.5
96			暖风水管故障	1
97			控制开关及模块故障（含面板）	0.5
98		空调制冷（制热）效果不良；空调忽冷忽热	温控执行元件故障	0.5
99			蒸发器结霜（含管路）	0.3
100			制冷剂型号不对	0.3
101			冷冻油异常	0.1
102			压力开关异常	0.5
103			蒸发器温度传感器故障	0.5
104			冷凝风扇故障	0.2
105			冷凝器散热不良	0.2

续上表

序号	分类	故障现象	诊断项目	工时，h
106	空调系统	空调送风模式不正常；空调风速不正常	控制电路故障	1
107			风门故障（含内外循环）	0.5
108			鼓风机故障	0.5
109			调速装置异常	0.5
110			滤网脏堵	0.2
111			控制开关及模块故障（含面板）	0.5
112			风道异常	0.6
113		空调系统泄漏（油、气）	压缩机泄漏	0.5
114			空调管路泄漏	1.5
115			冷凝器泄漏	1
116			干燥器（储液罐）泄漏	0.7
117			膨胀阀泄漏	0.7
118			蒸发器泄漏	0.7
119		空调异响	压缩机响	0.4
120			管路异响	0.5
121			膨胀阀异响	0.5
122			鼓风机异响	0.2
123			风道异响（含风道内异物）	0.5

4.燃料货车污染物排放超标诊断工时定额

<table>
<tr><th>序号</th><th>分类</th><th>污染物排放检测不合格项目</th><th>诊断项目</th><th colspan="2">工时，h</th></tr>
<tr><td>1</td><td rowspan="7">点燃式发动机</td><td>一氧化碳（CO）</td><td rowspan="4">混合气浓度故障
氧传感器故障
空气流量传感器（压力传感器）故障
进、排气不畅故障(含漏气)
点火及喷油故障
三元催化转换器故障
曲轴箱通风装置故障
配气相位及气门间隙故障
积炭故障</td><td>1.5</td><td rowspan="4">1.5</td></tr>
<tr><td>2</td><td>碳氢化合物（HC）</td><td>1.5</td></tr>
<tr><td>3</td><td>氮氧化合物（NO_x）</td><td>1.5</td></tr>
<tr><td>4</td><td>过量空气系数 λ</td><td>1.5</td></tr>
<tr><td>5</td><td>OBD 检测未就绪</td><td>查看当前故障码和历史故障码
车辆热机循环状态
车辆行驶循环状态
大气压力状态</td><td colspan="2">0.5</td></tr>
<tr><td>6</td><td>燃油蒸发系统</td><td>燃油加注口不密封
活性炭罐故障
连接管路故障
油箱故障
燃油泵上盖不密封</td><td colspan="2">0.5</td></tr>
<tr><td>7</td><td>颗粒物排放</td><td>颗粒捕集器故障
压差传感器故障
温度传感器故障</td><td colspan="2">0.5</td></tr>
</table>

续上表

<table>
<tr><th>序号</th><th>分类</th><th>污染物排放检测不合格项目</th><th>诊断项目</th><th>工时，h</th></tr>
<tr><td>8</td><td rowspan="4">压燃式发动机</td><td>最大轮边功率（kW）</td><td>喷油器故障
供油压力不足
汽缸压力不足
进、排气不畅故障</td><td>1</td></tr>
<tr><td>9</td><td>烟度（颗粒物）超标
光吸收系数（m^{-1}）
或不透光度（%）</td><td>喷油器及喷油正时故障
DPF 故障
DOC 故障
POC 故障
压差传感器故障
温度传感器故障
再生系统故障
EGR 系统故障
涡轮增压器故障</td><td>1.5</td></tr>
<tr><td>10</td><td>氮氧化合物（NO_x）</td><td>EGR 系统故障
SCR 故障
ASC 故障
尿素喷射故障
氮氧传感器故障
温度传感器故障
喷油时刻不正确</td><td>1.5</td></tr>
<tr><td>11</td><td>OBD 检测未就绪</td><td>查看历史故障码和当前故障码
车辆热机循环状态检查
车辆行驶循环状态检查
大气压力状态检查</td><td>0.5</td></tr>
</table>

备注：序号1～4的工时数值与右列一致，表示单项诊断与多项诊断的工时定额相同。

二、天然气货车故障诊断工时定额

天然气专用装置故障诊断工时定额如下，其他项目见燃料货车故障诊断工时定额（第176页）。

序号	故障现象	诊断项目	工时，h
1	发动机无法起动	配气相位异常	1
2		检查防喘振阀	0.6
3		检查废气旁通电磁阀	0.6
4		检查进排气系统	0.8
5		燃气压力低	0.6
6		检查空气流量传感器	1
7		寒区起动困难	0.8
8	发动机动力不足	检查火花塞、点火线圈	0.3
9		滤清器堵塞	0.6
10		喷油嘴堵塞或损坏	1
11		检查排气管	0.4
12		检查汽化器及其循环水路	1
13		检查控制系统，如ECU控制单元等	1.2
14	后处理转化效率低	检查混合器	0.8
15		线路接触不良	0.5
16		传感器和执行器失效	0.3

三、新能源货车（纯电动）故障诊断工时定额

1.新能源货车三电系统故障诊断工时定额

序号	故障现象	诊断项目		工时，h
1	车辆无法上高压电	低压蓄电池故障		0.2
2		整车控制器故障		1
3		绝缘故障		1
4		高压互锁电路故障		1
5		主负继电器、主正继电器损坏		0.5
6		预充电路故障		0.5
7		电池管理器故障		1
8		动力蓄电池组损坏		1
9	车辆无法充电（直流）	直流充电口损坏		0.2
10		高压电控总成故障		0.5
11		电池管理器故障		0.6
12		线束故障		1
13	车辆无法充电（交流）	交流充电口损坏		0.2
14		高压电控总成故障		0.5
15		电池管理器故障		0.6
16		线束故障		1
17	车辆无法行驶	电机控制系统不工作	高压电源电路	1.2
18			低压电源电路	1
19			线束	1
20		电池管理系统异常		1
21		动力蓄电池组损坏		0.6
22		电机故障		0.5

2.新能源货车底盘故障诊断工时定额

见燃料货车底盘故障诊断工时定额（第184页）。

3.新能源货车车身电器故障诊断工时定额

新能源货车空调系统故障诊断工时定额如下，其他项目见燃料货车车身电器故障诊断工时定额（第189页）。

序号	故障现象	诊断项目		工时，h
1	空调不制冷	控制单元故障	控制开关或线路故障	1
2		低压压力低	系统平衡压力	0.6
3			副电子膨胀阀	1.5
4			主电子膨胀阀	1.5
5			低压压力传感器	0.8
6			系统制冷剂管路堵塞	1.5
7			冷凝器风扇	0.4
8			蒸发器风扇	0.8
9			线路故障	1
10		高压压力高	系统平衡压力	0.6
11			副电子膨胀阀	1
12			主电子膨胀阀	1
13			高压压力传感器	0.6
14			冷凝器风扇	0.4
15			蒸发器风扇	0.8
16			线路故障	1

续上表

序号	故障现象	诊断项目		工时，h
17	空调不制冷	蒸发器温度传感器故障	除霜温度传感器	1
18			传感器供电	1
19			线路故障	1
20		室外温度传感器故障	室外温度传感器	0.8
21			传感器供电	0.8
22			线路故障	1
23		进液温度传感器故障	进液温度传感器	1
24			传感器供电	1
25			线路故障	1
26		压缩机变频器硬件故障	压缩机变频器	1
27		制冷剂不足	制冷剂泄漏或不足	1
28	空调不制热	电辅助加热器（PTC）故障		1.2
29		电控线束故障		1.1
30		电子水泵故障		1.2
31		暖风芯体堵塞		1
32		暖风四通阀泄漏		1.2
33	空调不出风	鼓风机故障		1.2
34		空调控制单元故障		1.1
35		蒸发箱结冰（传感器等）		1.2
36		相关线束故障		1.1

第三章　货车机电修理作业工时定额

一、燃料货车机电修理作业工时定额

1.燃料货车发动机修理作业工时定额

<table>
<tr><th rowspan="2">序号</th><th rowspan="2">分类</th><th rowspan="2">修理项目</th><th colspan="4">工时，h</th></tr>
<tr><th colspan="2">4缸</th><th colspan="2">6缸</th></tr>
<tr><td>1</td><td rowspan="14">曲柄连杆机构</td><td>更换连杆轴承</td><td>48</td><td rowspan="6">48</td><td>64</td><td rowspan="6">64</td></tr>
<tr><td>2</td><td>更换连杆</td><td>48</td><td>64</td></tr>
<tr><td>3</td><td>更换曲轴轴承</td><td>48</td><td>64</td></tr>
<tr><td>4</td><td>更换曲轴</td><td>48</td><td>64</td></tr>
<tr><td>5</td><td>更换推力轴承</td><td>48</td><td>64</td></tr>
<tr><td>6</td><td>更换活塞、活塞环、活塞销、缸套</td><td>48</td><td>64</td></tr>
<tr><td>7</td><td>更换曲轴前油封</td><td colspan="2">4</td><td colspan="2">6</td></tr>
<tr><td>8</td><td>更换曲轴后油封</td><td colspan="2">10</td><td colspan="2">10</td></tr>
<tr><td>9</td><td>更换曲轴后油封（含缓速器）</td><td colspan="2">—</td><td colspan="2">13</td></tr>
<tr><td>10</td><td>更换飞轮或齿圈</td><td colspan="2">9</td><td colspan="2">10</td></tr>
<tr><td>11</td><td>更换飞轮或齿圈（含缓速器）</td><td colspan="2">—</td><td colspan="2">12</td></tr>
<tr><td>12</td><td>更换曲轴皮带盘</td><td colspan="2">2</td><td colspan="2">2</td></tr>
<tr><td>13</td><td>更换曲轴位置传感器</td><td colspan="2">0.4</td><td colspan="2">0.4</td></tr>
<tr><td>14</td><td>更换缸体</td><td colspan="2">54</td><td colspan="2">70</td></tr>
<tr><td>15</td><td rowspan="2">配气机构</td><td>拆装、更换汽缸盖</td><td>10</td><td rowspan="2">10</td><td>18</td><td rowspan="2">18</td></tr>
<tr><td>16</td><td>更换汽缸垫</td><td>10</td><td>18</td></tr>
</table>

续上表

<table>
<tr><th rowspan="2">序号</th><th rowspan="2">分类</th><th rowspan="2">修理项目</th><th colspan="4">工时，h</th></tr>
<tr><th colspan="2">4 缸</th><th colspan="2">6 缸</th></tr>
<tr><td>17</td><td rowspan="17">配气机构</td><td>更换及研磨气门（多气门）</td><td colspan="2">16</td><td colspan="2">22</td></tr>
<tr><td>18</td><td>更换气门导管</td><td colspan="2">14</td><td colspan="2">22</td></tr>
<tr><td>19</td><td>更换气门油封</td><td colspan="2">12</td><td colspan="2">22</td></tr>
<tr><td>20</td><td>更换液压挺杆（顶置）</td><td colspan="2">6</td><td colspan="2">7</td></tr>
<tr><td>21</td><td>更换液压挺杆（下置）</td><td colspan="2">8</td><td colspan="2">9</td></tr>
<tr><td>22</td><td>更换摇臂</td><td colspan="2">6</td><td colspan="2">7</td></tr>
<tr><td>23</td><td>更换凸轮轴</td><td colspan="2">8</td><td colspan="2">12</td></tr>
<tr><td>24</td><td>更换凸轮轴油封</td><td colspan="2">8</td><td colspan="2">9</td></tr>
<tr><td>25</td><td>调整气门间隙</td><td colspan="2">5</td><td colspan="2">6</td></tr>
<tr><td>26</td><td>更换正时齿轮</td><td colspan="2">8</td><td colspan="2">10</td></tr>
<tr><td>27</td><td>更换正时链条</td><td>8</td><td rowspan="3">8</td><td>10</td><td rowspan="3">10</td></tr>
<tr><td>28</td><td>更换正时链条涨紧器</td><td>8</td><td>10</td></tr>
<tr><td>29</td><td>更换正时链条导板</td><td>8</td><td>10</td></tr>
<tr><td>30</td><td>更换正时链条罩盖</td><td colspan="2">3</td><td colspan="2">3.5</td></tr>
<tr><td>31</td><td>更换正时齿形带</td><td colspan="2">4</td><td colspan="2">—</td></tr>
<tr><td>32</td><td>更换凸轮轴皮带盘</td><td colspan="2">4</td><td colspan="2">—</td></tr>
<tr><td>33</td><td>更换凸轮轴位置传感器</td><td colspan="2">0.4</td><td colspan="2">0.4</td></tr>
<tr><td>34</td><td rowspan="4">起动系统</td><td>更换蓄电池（1 只）</td><td colspan="2">1</td><td colspan="2">1</td></tr>
<tr><td>35</td><td>更换蓄电池传感器</td><td colspan="2">1</td><td colspan="2">1</td></tr>
<tr><td>36</td><td>更换发电机</td><td colspan="2">1.5</td><td colspan="2">1.5</td></tr>
<tr><td>37</td><td>更换起动机</td><td colspan="2">1.8</td><td colspan="2">1.8</td></tr>
</table>

续上表

序号	分类	修理项目	工时，h	
			4 缸	6 缸
38	起动系统	更换正负极线束	1	1
39		更换起动继电器	0.2	0.2
40		更换熔断丝	0.1	0.1
41		更换点火开关	1	1
42		更换变速器挡位开关（外置）	0.3	0.3
43		更换变速器挡位开关（内置）	0.5	0.5
44		更换离合器踏板开关	0.3	0.3
45	进排气系统	更换进气歧管及衬垫	3	3
46		更换进气歧管风门电位计	0.5	0.5
47		更换排气支管及衬垫	3	3
48		清洗节气门	1.5	1.5
49		更换节气门总成	1	1
50		更换加速踏板位置传感器	0.6	0.6
51		更换空气流量传感器	0.4	0.4
52		更换进气温度传感器	0.4	0.4
53		更换进气压力传感器	0.4	0.4
54		更换氧传感器	0.5	0.5
55		更换空燃比传感器	0.3	0.3
56		更换二次空气泵	1	1
57		更换三元催化转换器	1	1
58		更换消声器	1	2

续上表

序号	分类	修理项目	工时，h	
			4 缸	6 缸
59	进排气系统	更换空气滤芯	0.3	0.3
60		更换空气滤芯外壳或气管	0.5	0.5
61		清洗或更换 EGR 阀	1.5	1.5
62		更换 EGR 冷却器	1.5	1.5
63		更换废气涡轮增压器	2	3
64		更换废气涡轮增压器（特殊结构）	4	—
65		更换增压压力调节器	0.4	0.4
66		更换增压压力调节电磁阀	0.4	0.4
67		更换电动增压压力调节器	0.4	0.4
68		更换涡轮增压器循环空气阀	0.5	0.5
69		更换增压空气冷却器	2	4
70		更换增压空气压力 / 温度传感器	0.3	0.3
71		更换进气歧管绝对压力传感器	0.3	0.3
72		更换曲轴箱通风阀	0.5	0.5
73		更换排气管吊耳	0.4	0.4
74		更换排气管接口垫	1	1
75	燃油供给系统	更换喷油器（1 只）	1.5	1.5
76		更换喷油器（1 套）	4	5
77		更换低压燃油泵	2	3

续上表

序号	分类	修理项目	工时，h	
			4 缸	6 缸
78	燃油供给系统	更换燃油压力调节器	0.4	0.4
79		更换燃油减压阀	0.3	0.3
80		更换燃油表传感器	1	1
81		更换低压燃油压力传感器	0.3	0.3
82		更换高压油泵（含燃油压力调节阀）	2.5	4
83		更换燃油滤清器	0.5	0.5
84		更换油箱	2	3.5
85		更换燃油管	0.4	0.4
86		调校柴油喷油泵	3.5	4.5
87		调校柴油喷油器	1.8	1.8
88		更换手油泵	1	1
89		更换柴油粗滤器	0.3	0.3
90		更换柴油细滤器	0.3	0.3
91		更换油水分离器	0.3	0.3
92		更换进油计量比例阀	0.5	0.5
93		更换油轨压力传感器	0.3	0.3
94	点火系统	更换点火线圈	0.2	3
95		更换火花塞（1 组）	0.5	3
96		更换爆震传感器	0.5	1
97		更换线束	2	4

续上表

序号	分类	修理项目	工时，h	
			4 缸	6 缸
98	冷却系统	更换散热器	2	4
99		散热器外部清洗	0.4	0.4
100		散热器内部清洗	3.5	5
101		更换膨胀水壶	0.3	0.3
102		更换水管（1 根）	0.5	1
103		更换水泵	2	2
104		更换节温器	1	1
105		更换暖风水箱（仪表台内）	10	10
106		更换冷却液	0.5	0.5
107		更换散热风扇	1.5	1.5
108		更换热敏开关	0.3	0.3
109		更换冷却液温度传感器	0.3	0.3
110		更换冷却液液位传感器	0.2	0.2
111		更换风扇皮带过渡轮	—	2
112		更换风扇轴承	1.6	1.6
113		更换风扇轴承(电磁式、硅油)	4	4
114		排空气	0.3	0.3
115	润滑系统	更换机油泵及集滤器	4	4
116		更换机油泵及集滤器（曲轴上）	8	8
117		更换发动机油、机油滤清器	0.5	0.5

续上表

序号	分类	修理项目	工时，h	
			4缸	6缸
118	润滑系统	更换加油口盖	0.1	0.1
119		更换油标尺及导管	0.3	0.3
120		更换油底壳及衬垫	2	2
121		更换气门室盖及密封垫	2	2
122		更换机油散热器	4	5
123		更换机油压力开关	0.3	0.3
124		更换机油压力传感器	0.3	0.3
125		更换机油油位传感器	0.3	0.3
126		更换机油温度传感器	0.3	0.3
127		更换机油压力调节阀	0.3	0.3
128	后处理装置	更换 EGR 阀	1.5	1.5
129		更换 EGR 温度传感器	0.5	0.6
130		更换尿素品质传感器	1	1
131		更换尿素液位传感器	1	1
132		更换排气节流阀（节气门）	1.5	2
133		更换 DPM 单元（第七喷油嘴）	—	1
134		更换加热尿素管（1根）	1	1
135		更换后处理线束	3	3
136		更换尿素泵	1.5	1.5
137		更换尿素箱加热电磁阀	1	1

续上表

序号	分类	修理项目	工时，h	
			4 缸	6 缸
138	后处理装置	更换尿素倒吸电磁阀	1	1
139		更换尿素温度传感器	1	1
140		更换尿素箱	2	2
141		更换 DPF	2	4
142		DPF 清灰	2.8	5
143		DPF 清灰（高温炉）	3.8	6
144		DPF 服务再生	0.8	1
145		更换 DOC	2	4
146		DOC 清灰	2.8	5
147		更换 SCR	2	4
148		更换喷油喷嘴	—	1
149		更换尿素喷嘴	0.5	0.5
150		更换 DOC 前温度传感器	0.4	0.6
151		更换 DPF 前排温度传感器	0.4	0.6
152		更换 SCR 前温度传感器	0.4	0.6
153		更换 SCR 后温度传感器	0.4	0.6
154		更换 DOC 前 NO_x 传感器	0.8	0.5
155		更换 SCR 后 NO_x 传感器	0.8	1
156		更换压差传感器	0.5	0.5
157		更换氧传感器	0.5	0.5
158		更换上游加热传感器	0.5	0.5

续上表

序号	分类	修理项目	工时，h	
			4缸	6缸
159	后处理装置	更换下游加热传感器	0.5	0.5
160	其他	更换钥匙（含匹配）	1.2	1.2
161		更换识读线圈（含匹配）	1.2	1.2
162		更换防盗模块（含匹配）	1.2	1.2
163		更换发动机控制模块（含匹配）	1.6	1.6
164		更换涨紧轮	1	2
165		更换外部传动皮带	1	2
166		更换发动机支撑垫（1只）	1	2
167	拆装发动机总成		10	16
168	更换发动机总成		16	22
169	发动机总成修理		64	80

备注：序号1~6，27~29的工时数值与右列一致，表示单项修理与多项修理的工时定额相同。

2.燃料货车底盘修理作业工时定额

序号	分类	修理项目	工时，h		
			轻型货车	中型货车	重型货车
1	传动系统	更换离合器片	6	8	10
2		更换离合器压盘	6	8	10

续上表

序号	分类	修理项目	工时，h		
			轻型货车	中型货车	重型货车
3	传动系统	更换飞轮	7	9	11
4		更换分离轴承	6	8	10
5		更换分离轴承座	6	8	10
6		更换离合器片（带中间取力器）	—	—	12
7		更换离合器压盘（带中间取力器）	—	—	12
8		更换飞轮（带中间取力器）	—	—	12
9		更换分离轴承（带中间取力器）	—	—	12
10		更换分离轴承座（带中间取力器）	—	—	12
11		更换离合器工作缸	0.8	1	1.2
12		更换离合器主缸	1	1.5	2
13		调整离合器自由行程	0.5	0.5	0.5
14		更换离合器液压油	0.6	0.6	0.6
15		更换中间取力器	—	—	12
16		更换侧面取力器	2	2	2
17		更换变速器总成	5.5	7.5	9.5
18		更换变速器外部联动机构	1	1.2	1.4
19		更换变速器支架及胶垫	0.5	0.6	0.7
20		更换内部齿轮及同步器	14	16	20

续上表

序号	分类	修理项目	工时，h		
			轻型货车	中型货车	重型货车
21	传动系统	更换变速器内部轴承	14	16	20
22		更换变速器前油封	6	8	10
23		更换变速器后油封	2	2	2
24		更换手动变速器油	0.5	0.6	0.7
25		清洁/更换变速器通风孔	0.2	0.2	0.2
26		手动变速器总成修理	14	16	20
27		拆装、更换传动轴	0.8	1	1.2
28		更换传动轴万向节	1.5	1.5	1.5
29		更换传动轴中间支撑（轴承）	0.8	1	1.2
30		更换差速器前油封	2	2	2
31		更换半轴	0.5	0.5	0.5
32		更换半轴油封	0.6	0.6	0.6
33		更换半轴螺栓	0.6	0.6	0.6
34		更换差速器油	0.5	0.6	0.7
35		清洁/更换后桥通风塞	0.2	0.2	0.2
36		更换差速器总成	7	8	9
37		差速器总成修理	8	9	10
38		更换双驱前差速器总成	—	—	12
39		更换后桥总成	8	9	10
40		拆装、更换后桥壳	13	14	15

续上表

序号	分类	修理项目	工时，h		
			轻型货车	中型货车	重型货车
41	传动系统	更换自动变速器油	—	—	2
42		拆装自动变速器	—	—	10
43	转向系统	更换动力转向泵	0.6	0.8	1
44		调整转向机间隙	0.3	0.3	0.3
45		调整转向盘角度	0.3	0.3	0.3
46		更换储液罐	0.3	0.3	0.3
47		更换动力油管	0.4	0.4	0.4
48		更换回油管	0.4	0.4	0.4
49		更换转向机	2	2	2
50		更换横拉杆	0.5	0.7	0.8
51		更换转向柱	1	1	1
52		更换转向盘	0.3	0.3	0.3
53		更换转向器防尘罩	0.3	0.3	0.3
54		更换平衡杆吊杆	—	0.5	0.5
55		更换平衡杆球头	—	0.3	0.3
56		更换转向柱锁和点火开关壳体	0.3	0.3	0.3
57	行驶系统	更换横向稳定杆	0.5	0.5	0.5
58		更换横向稳定杆连接杆	0.3	0.3	0.3
59		更换减振器和弹簧组件	2	2.5	3
60		更换平面轴承或顶胶	0.5	0.5	0.5

续上表

序号	分类	修理项目	工时，h		
			轻型货车	中型货车	重型货车
61	行驶系统	更换前轮轴承和轮毂	1	1	1
62		更换后轮轴承	1	1	1
63		更换后轮内油封	1.5	1.5	1.5
64		更换后轮外油封	1	1	1
65		更换下控制臂	1	1	1.2
66		更换上控制臂	1	1	1.2
67		调整前束	0.5	0.5	0.5
68		更换车轮转向节	3	3	3
69		更换液压减振器	0.3	0.4	0.5
70		更换轮胎螺栓	1	1.2	1.5
71	制动系统	更换制动摩擦片（1 副）	1	1.2	1.5
72		更换制动盘	1.5	1.7	2
73		更换制动蹄片	1.5	1.7	2
74		更换制动液（含排空气）	0.8	—	—
75		更换制动钳	1.5	1.7	2
76		更换制动盘底板	0.3	0.4	0.5
77		更换制动鼓底板	2	2	2
78		更换短制动软管	0.3	0.3	0.3
79		更换长制动软管	1.5	1.5	1.5
80		更换制动助力器	1.5	1.5	—

续上表

序号	分类	修理项目	工时，h		
			轻型货车	中型货车	重型货车
81	制动系统	更换分配阀	0.4	0.5	0.6
82		更换制动主缸	1.5	1.5	1.5
83		更换制动轮缸（气压）	0.8	0.8	0.8
84		更换制动轮缸（液压）	1.5	—	—
85		更换 ABS 模块	0.5	0.5	0.5
86		更换轮速传感器	0.5	0.5	0.5
87		更换轮速传感器（内置）	1	1	1
88		更换驻车拉线	1	1	1
89		更换驻车制动器控件（手刹拉杆）	1	1	1
90		更换驻车制动器开关	0.3	0.3	0.3
91		更换制动踏板和支架	0.5	0.5	0.5
92		更换制动踏板控制开关	0.2	0.2	0.2
93		更换制动压力传感器	—	0.2	0.2

3.燃料货车车身电器修理作业工时定额

序号	分类	修理项目	工时，h
1	灯光	更换灯泡	0.2
2		更换前照灯线束	0.6
3		更换尾灯线束	0.6

续上表

序号	分类	修理项目	工时，h
4	灯光	修理灯光线束	1.5
5		更换组合开关	1
6		更换前照灯总成	0.6
7		更换应急灯开关	0.2
8		更换前小灯	0.5
9		更换侧灯	0.2
10		更换牌照灯	0.2
11		更换发动机室灯	0.2
12		更换尾灯总成	0.3
13		更换雾灯	0.3
14		更换灯光传感器	0.3
15		更换仪表灯	0.4
16		更换门灯	0.3
17		更换顶灯	0.3
18		更换其他内部照明灯	0.2
19		更换闪光器	0.3
20		调整灯光照射位置	0.5
21		更换灯光模块	0.4
22	刮水器	更换刮片	0.2
23		更换刮片及刮臂	0.3
24		更换刮水器联动机构	3
25		更换刮水器电机	1

续上表

序号	分类	修理项目	工时，h
26	刮水器	更换刮水器开关	1
27		调整刮水器位置	0.5
28		调整刮水器喷水位置	0.2
29		更换喷水壶或喷水电机	0.8
30		更换喷水管及喷水嘴	0.3
31	车窗	更换玻璃升降器开关	0.2
32		更换驾驶人侧组合开关	0.5
33		更换玻璃升降器电机	1
34	后视镜	更换后视镜开关	0.4
35		更换后视镜指示灯	0.2
36		更换后视镜加热器	0.5
37		更换后视镜模块	0.5
38	喇叭	更换喇叭	0.5
39		更换喇叭按钮	0.2
40		更换螺旋线圈	0.3
41	门锁	更换中控开关	0.5
42		更换自动门锁接收器	1
43	座椅	更换座椅开关	0.5
44		更换座椅电机	0.6
45	安全气囊和安全带	更换安全气囊	1
46		更换螺旋线圈	1.3
47		更换安全带	0.8

续上表

序号	分类	修理项目	工时，h
48	安全气囊和安全带	更换仪表台气囊	6
49		更换安全气囊传感器	0.5
50		更换气囊模块	0.5
51	巡航系统	更换开关	1
52		更换巡航系统模块（含匹配）	1.5
53	音响和娱乐系统	更换显示面板及本体	1
54		更换控制模块	1
55		更换扬声器	0.5
56		更换天线	0.2
57	空调系统	制冷剂鉴别、回收、净化	1
58		更换空调皮带	0.5
59		更换压缩机	2
60		更换空调压缩机电磁离合器	2.5
61		更换冷凝器总成	1
62		冷凝器清洁	0.5
63		更换干燥瓶（储液罐）	0.6
64		更换膨胀阀（膨胀管）（不含拆装仪表台）	1
65		更换蒸发器	7.5
66		更换蒸发器温度传感器	1
67		更换车外温度传感器	0.3

续上表

序号	分类	修理项目	工时，h
68	空调系统	更换车内温度传感器	0.5
69		更换制冷剂压力传感器	0.2
70		更换制冷剂压力传感器(无截止阀)	2
71		更换空调面板（模块）	0.3
72		更换鼓风机	2.5
73		更换调速电阻（模块）	0.5
74		更换风门执行机构	3.5
75		更换空调开关	0.2
76		更换暖水阀	0.5
77		更换空调滤网	0.3
78		更换空调散热风扇	1
79		抽真空加冷冻油充制冷剂	2
80		拆装空调风道	3
81		清洗空调风道	1
82		更换空调控制器总成（手动）	1.1
83		更换空调压缩机支架总成	1
84		更换暖风进水管支架总成	1
85		更换空调管路总成	1.5
86	其他	拆装仪表台	5.5
87		更换组合仪表	1

续上表

序号	分类	修理项目	工时，h
88	其他	更换发动机线束	6
89		更换车内线束	10
90		更换模块	0.6
91		编程匹配	1.5
92		线路短路修复	3
93		线路断路修复	3
94		线路氧化修复	3
95		更换熔断丝	0.2
96		更换继电器	0.2
97		更换熔断丝盒（一般）	1
98		更换熔断丝盒（特殊）	3

4.燃料货车污染物排放超标治理作业工时定额

序号	系统	修理项目	工时，h	
			4 缸	6 缸
1	发动机	更换氧传感器	0.5	0.5
2		清洗或更换三元催化转换器	1	1
3		检查更换火花塞（1 组）	0.5	0.5
4		更换喷油器（1 只）	1.5	1.5
5		更换喷油器（1 套）	4	5

续上表

序号	系统	修理项目	工时，h	
			4 缸	6 缸
6	发动机	清洗喷油器（1 套）	5	6
7		清洗或更换空气流量传感器	0.4	0.4
8		检修排气系统漏气	0.7	1
9		检修进气系统漏气	0.7	1
10		清洗发动机积炭	2	3
11		清洗或更换 EGR 阀	1.5	1.5
12		更换 VVT 电磁阀	1.5	—
13		更换活性炭罐电磁阀	0.4	—
14	后处理装置	更换 GPF	3	4
15		更换 DOC	2	4
16		清洗 DOC	2.8	5
17		更换 DPF	2	4
18		清洗 DPF	2.8	5
19		更换 SCR	2	4
20		更换尿素喷嘴	0.5	0.5
21		更换 DPF 再生喷嘴	—	1
22		更换压差传感器	0.5	0.5
23		更换温度传感器	0.4	0.6

备注：涉及发动机其他修理项目，见燃料货车发动机修理作业工时定额（第202页）。

二、天然气货车机电修理工时定额

天然气专用装置机电修理工时定额如下，其他项目见燃料货车机电修理作业工时定额（第202页）。

序号	修理项目	工时，h		
		轻型货车	中型货车	重型货车
1	更换压缩天然气（CNG）气瓶	1.5	1.6	1.7
2	更换液化天然气（LNG）稳定器	0.5	0.6	0.7
3	更换高压滤清器	0.5	0.6	0.7
4	更换高压燃料切断阀	0.5	0.6	0.7
5	更换低压滤清器	0.5	0.6	0.7
6	更换低压燃料切断阀	0.5	0.6	0.7
7	更换线束	3	3.1	3.2
8	更换电控调压器	1.5	1.6	1.7
9	更换供气系统相关的阀、接头、卡箍或气阀弹簧	0.5	0.6	0.7
10	更换燃气喷射器总成	1	1.1	1.2
11	更换混合器总成	1	1.1	1.2
12	更换燃气供给管总成及相关部件	1	1.1	1.2
13	更换防喘振阀总成及相关部件	1	1.1	1.2
14	气瓶除锈	1	1.2	1.3
15	更换燃气滤清器	0.5	0.6	0.7
16	更换燃气计量阀总成	0.5	0.6	0.7
17	更换燃气泄漏报警传感器总成	1	1.1	1.2

三、新能源货车机电修理作业工时定额

1.新能源货车三电系统修理作业工时定额

序号	分类	修理项目	工时
1	充电系统	更换集成式车载充电机	2
2		更换充电机 / 直流转换器	2
3		拆装充电接头	1
4	动力总成	更换减速器	5
5		更换动力电机	10
6		校准驱动电机	3
7	电池及电池管理系统	更换电箱护板	2
8		更换电箱高低压连接器底座	1.5
9		更换电箱高压连接器上盖	0.5
10		更换电箱平衡防爆阀	0.5
11		更换电箱监控单元（CSC）	2
12		更换电箱监控单元（CSC）维护口盖	0.5
13		电箱气密性检测	3
14		更换模块	3
15		电池均衡（单体）	2
16		电池均衡（上限）	5
17		充放电	3
18		更换 / 修复电箱内高低压线束	2
19		更换电箱内高压继电器 / 预充电阻	2

续上表

序号	分类	修理项目	工时
20	电池及电池管理系统	更换电箱内电池管理单元（BMU）	2
21		更换加热膜	1
22		充电容量测试	5
23		更换手动维修开关	0.5
24		更换动力蓄电池	6
25	电控系统	更换整车控制器	3
26		更换分离式控制盒总成	1
27		更换分离式控制盒总成（位置特殊）	3
28		更换高压盒总成	3
29		更换高压盒总成（位置特殊）	5
30		更换高压盒上盖	1
31		更换高压盒维修开关（MSD）	0.5
32		更换高压盒继电器	2
33		更换高压盒电池管理单元（BMU）	1
34		更换高压盒功率分配模块（PDM）	1
35		更换高压盒后备电源模块（BPM）	1
36		更换驱动电机控制器	2
37		更换 DC/DC 控制器	1.5
38		更换高压配电箱	3
39		更换高压盒熔断器 / 预充电阻	1
40		更换控制模块	1.5

续上表

序号	分类	修理项目	工时
41	转向系统	更换转向助力电机	1
42	温控系统	更换打气泵电机	2.5
43		更换电池冷却液泵	1.5
44		更换电池进水管	1.5
45		更换电池出水管	1.5
46		更换换热器	3
47		更换换热器电子膨胀阀	2.5
48		更换温度传感器（电池冷却系统）	1.5
49		更换温度传感器（电机冷却系统）	1.5
50		更换智能温控模块	2
51		更换电机冷却液泵	1.5
52		更换电机进水管	1.5
53		更换电机出水管	1.5
54		更换散热风扇控制单元	1.5
55		更换散热风扇	1
56		更换电机冷却液	1
57		更换电池冷却液	1
58		更换冷凝器	2
59		更换散热器	2
60		更换膨胀水壶	0.5
61		更换水冷板（外置）	5

续上表

序号	分类	修理项目	工时
62	温控系统	更换水冷板（内置）	2
63		更换水冷机组总成	13
64	其他	更换箱体间高压连接线束（≥ 2m）	2
65		更换箱体间高压连接线束（＜ 2m）	1
66		更换高压线束连接器附件（格兰头）	0.5
67		更换低压连接线束（≥ 2m）	1
68		更换低压连接线束（＜ 2m）	0.5
69		更换风扇线束	0.5
70		更换手动维修开关	0.5
71		程序升级 / 刷新	1.5

2.新能源货车底盘修理作业工时定额

见燃料货车底盘修理作业工时定额（第210页）。

3.新能源货车车身电器修理作业工时定额

新能源货车空调系统修理作业工时定额如下，其他项目见燃料货车车身电器修理作业工时定额（第215页）。

序号	修理项目	工时，h
1	制冷剂鉴别、回收、净化	1
2	更换电动压缩机（轻型货车）	2
3	更换电动压缩机（中型货车）	3
4	更换电动压缩机（重型货车）	3.5
5	更换冷凝器	1

续上表

序号	修理项目	工时，h
6	冷凝器清洁	0.5
7	更换干燥瓶（储液罐）	0.6
8	更换膨胀阀（膨胀管）（不含拆装仪表台）	1
9	更换蒸发器（不含拆装仪表台）	2
10	更换蒸发器温度传感器（不含拆装蒸发器）	1
11	更换车外温度传感器	0.3
12	更换车外温度传感器（内置）	0.6
13	更换车内温度传感器	1
14	更换制冷剂压力传感器	0.2
15	更换制冷剂压力传感器（无截止阀）	2
16	更换空调面板（模块）	0.5
17	更换冷凝风机	1
18	更换蒸发风机	1
19	更换调速电阻（模块）	1
20	更换高低压软管（＜ 4m）	2
21	更换风门执行机构	2
22	更换空调开关	0.3
23	更换电辅助加热器（PTC）加热元件	1
24	更换空调滤网	0.3
25	拆装空调风道	4
26	更换冷却液截止阀	3
27	清洗空调风道	1

第四章　货车车身整形修复工时定额

一、货车损伤修复工时定额

1.车身外部损伤修复工时定额

序号	作业项目	工时，h		
		轻型货车	中型货车	重型货车
1	修复前保险杠	—	2	2.5
2	修复前保险杠支架	2	2.5	3
3	前保险杠骨架整形	2	2.5	3
4	车门整形（重度损伤）	4	5	6
5	车门整形（中度损伤）	3	4	5
6	车门整形（轻度损伤）	2	3	4
7	车门窗框整形	3	4	5
8	安全窗框架整形	1	1.5	2
9	修复后保险杠	2	3	4

备注：损伤面积占该部件面积20%以下为轻度损伤，20%~40%为中度损伤，40%以上为重度损伤。轻度损伤部件若含有弯曲、折皱、锐角凹陷、撕裂、骨架变形等任一类型损伤，其损伤程度即定义为中度损伤；中度损伤部件若含有弯曲、折皱、锐角凹陷、撕裂、骨架变形等任一类型损伤，其损伤程度即定义为重度损伤。下同。

2.车身内部损伤修复工时定额

序号	作业项目	工时，h		
		轻型货车	中型货车	重型货车
1	仪表台骨架轻微整形	6	9	12
2	座椅骨架轻微整形	3	4	8
3	座椅底座轻微整形	3	4	8

3.车身结构件损伤修复工时定额

序号	作业项目	工时，h		
		轻型货车	中型货车	重型货车
1	水箱框架整形	5	6	7
2	副梁位置校正	10	12	15
3	前围整形	2	2.5	3
4	前挡下围板整形	2	2.5	3
5	前风窗玻璃框架整形	4	5	6
6	前立柱整形	4	6	8
7	后围整形	4	6	8
8	车顶板整形（重度损伤）	3	4	5
9	车顶板整形（中度损伤）	2.5	3.5	4.5
10	车顶板整形（轻度损伤）	2	3	4
11	车门槛整形	1.5	2	2.5
12	后风窗玻璃框架整形	2	2.5	3
13	更换门框下角	4	5	6
14	车架的对接或帮补修复	10	12	14
15	货厢的修复	10	12	14
16	车身底板整形（$1m^2$）	4	5	8

二、货车板件更换工时定额

1.车身外部板件更换工时定额

序号	作业项目	工时，h		
		轻型货车	中型货车	重型货车
1	更换前保险杠	1	1.5	2
2	更换水箱面罩（中网）	0.5	0.5	0.5
3	更换前标	0.2	0.2	0.2
4	更换前保险杠外饰	0.2	0.3	0.5
5	更换前保险杠支架	0.6	0.6	0.6
6	更换前保险杠骨架	0.3	0.6	0.6
7	更换防撞梁	1	2	3
8	更换轮围	0.6	0.8	1
9	更换轮围饰条	0.1	0.2	0.3
10	更换发动机室盖隔热层	0.5	0.7	0.9
11	更换发动机室盖拉索	0.5	0.5	0.5
12	更换发动机室盖锁	0.5	0.5	0.5
13	更换车门总成	1.5	2	3
14	更换门壳	6	6	6
15	更换车门饰条	0.2	0.2	0.2
16	更换车门外把手	0.3	0.3	0.3
17	更换前门车窗玻璃密封条	0.4	0.4	0.4
18	更换前门车窗玻璃导槽	0.4	0.4	0.4

续上表

序号	作业项目	工时，h		
		轻型货车	中型货车	重型货车
19	更换车门铰链（1 副）	0.5	0.5	0.5
20	更换车门限位器	0.3	0.3	0.3
21	更换车门封条（车门上）	0.2	0.2	0.2
22	更换车门封条（车身上）	0.2	0.2	0.2
23	更换门锁	0.6	0.6	0.6
24	更换门锁扣	0.2	0.2	0.2
25	更换车门密封槽	0.5	0.5	0.5
26	更换车门密封槽嵌条	0.2	0.2	0.2
27	检修、更换车门闭锁机构	0.6	0.6	0.6
28	更换天窗密封条	—	0.5	0.5
29	清理疏通天窗排水道	—	0.6	0.6
30	更换后标	0.2	0.2	0.2
31	更换后保险杠	0.5	0.5	0.5
32	检修电瓶架	1	1	1
33	更换车外后视镜片	0.3	0.3	0.3
34	更换车外后视镜壳	0.3	0.3	0.3
35	更换车外后视镜座	0.3	0.4	0.5
36	更换挡泥皮（1 只）	0.2	0.2	0.2
37	更换轮围内衬	0.3	0.3	0.3
38	焊补排气管	0.5	0.5	0.5
39	更换排气管吊耳	0.3	0.3	0.3
40	拆装牌照	0.3	0.3	0.3

2.车身内部板件更换工时定额

序号	作业项目	工时，h		
		轻型货车	中型货车	重型货车
1	更换全车门锁芯	1	1	1
2	检修杂物箱锁	0.2	0.2	0.2
3	更换门踏脚饰板	0.2	0.2	0.2
4	更换前下角内饰板	0.5	0.6	0.7
5	更换杂物箱	0.4	0.6	0.8
6	更换前柱内饰板	0.2	0.3	0.4
7	更换遮阳板	0.2	0.3	0.4
8	更换车内后视镜	0.2	0.2	0.2
9	更换车门内饰板	0.4	0.4	0.4
10	更换车门内把手	0.2	0.2	0.2
11	更换车门内扶手	0.2	0.2	0.2
12	更换摇窗机	0.6	0.7	0.8
13	更换摇窗机手柄	0.1	0.1	0.1
14	更换顶篷	1	1	1
15	更换安全带	0.5	0.5	0.5
16	更换后柱内饰板	0.3	0.3	0.3
17	更换座椅总成	1	1	1
18	更换前座椅调节器	0.8	0.8	0.8
19	更换烟缸座	0.2	0.2	0.2

3. 车身结构件更换工时定额

序号	作业项目	工时，h		
		轻型货车	中型货车	重型货车
1	更换水箱框架	4	5	6
2	更换前横梁（螺栓）	1.5	2	2.5
3	更换前横梁（铆接）	10	12	14
4	更换纵梁	60	70	80
5	更换车顶板	4	5	6
6	更换驾驶室壳	36	45	45
7	更换驾驶室总成	24	30	30

三、货车事故拆检工时定额

序号	拆检项目	工时，h		
		轻型货车	中型货车	重型货车
1	拆检保险杠	0.5	0.6	0.7
2	拆检水箱、冷凝器、框架	3	3.5	4
3	拆检前照灯	0.3	0.3	0.3
4	拆发动机	6	8	10
5	解体发动机	12	16	18
6	拆发动机油底壳	0.5	0.5	0.5
7	拆起动机	0.6	0.6	0.6
8	拆发电机	0.5	0.5	0.5
9	拆压缩机	1	1	1

续上表

序号	拆检项目	工时，h		
		轻型货车	中型货车	重型货车
10	拆手动变速器	5	6	7
11	解体手动变速器	4	5	6
12	拆自动变速器	—	8	10
13	解体检查自动变速器	—	6	8
14	拆变速器油底壳	0.5	0.5	0.5
15	拆检前桥	4	4.5	5
16	拆检中桥	—	—	6.5
17	拆检后桥	4	4.5	5
18	拆检转向机	3	3	3
19	拆检制动部件	3	3.5	4
20	拆检进气歧管	2	2.5	3
21	拆检排气支管	2	2.5	3
22	拆检三元催化转换器	1	1	1
23	拆检消声器	0.5	0.6	0.7
24	拆检尾灯	0.3	0.3	0.3
25	拆检门锁锁止机构	0.5	0.5	0.5
26	拆检驾驶室锁止机构	1	1	1
27	拆检仪表台	7	8	9
28	拆燃油箱	1.5	1.6	1.7
29	拆检车门（含门饰板、玻璃升降器、锁块）	2	2.5	3
30	拆安全带	0.5	0.5	0.5
31	拆座椅	1	1	1

第五章　货车车身涂装修复工时定额

序号	涂装部件	工时，h		
		轻型货车	中型货车	重型货车
1	保险杠（前、后）	2	2.5	3
2	前围	2	2.5	3
3	前侧围（左、右）	1	1	1
4	立柱（左、右）	1	1	1
5	车门（左、右）	3	3.5	4
6	后侧围（左、右）	1	1	1
7	后围	3	3.5	4
8	轮围	0.5	0.6	0.7
9	驾驶室顶	5	5	5
10	车厢	10	12	14
11	底盘	16	18	20
12	半挂车头底盘	—	—	12
13	其他附件	0.5	0.5	0.5
14	驾驶室整做漆	12	16	18
15	整车做漆	38	46	52

备注：表中所列均为单件（每个部件）涂装修复作业工时。

第六章　货车专项作业工时定额

一、发动机维修专项作业工时定额

见燃料货车发动机故障诊断工时定额（第176页）和燃料货车发动机修理作业工时定额（第202页）。

二、电气系统维修专项作业工时定额

见燃料货车车身电器故障诊断工时定额（第189页）和燃料货车车身电器修理作业工时定额（第215页）。从事新能源货车高压系统维修的见新能源货车三电系统故障诊断工时定额（第199页）和新能源货车三电系统修理作业工时定额（第223页）。

三、自动变速器维修专项作业工时定额

见燃料货车底盘故障诊断工时定额（第184页）和燃料货车底盘修理作业工时定额（第210页）。

四、轮胎动平衡及修补专项作业工时定额

序号	作业项目	单位	工时，h		
			轻型货车	中型货车	重型货车
1	更换轮胎 / 轮辋	只	0.3	0.5	0.6
2	车轮动平衡	只	0.2	0.3	0.3
3	更换气门嘴	只	0.1	0.1	0.1
4	更换气门芯	只	0.1	0.1	0.1
5	补胎	只	1.4	1.9	2.2
6	车轮换位	对	0.6	1	1.2
7	轮胎充气	只	0.1	0.1	0.1

五、汽车润滑与养护专项作业工时定额

见燃料货车维护工时定额（第165页）。

六、喷油泵、喷油器维修专项作业工时定额

见燃料货车发动机修理作业工时定额（第202页）。

七、曲轴修磨和汽缸镗磨（机加工）专项作业工时定额

序号	机械加工项目	单位	工时，h
1	镗缸、镶套、珩磨缸	缸	1
2	镶套	缸	0.2
3	磨削缸盖平面 (4 缸)	只	1.2
4	磨削缸盖平面 (6 缸)	只	1.5
5	磨削缸体上平面 (4 缸)	只	1.2
6	磨削缸体上平面 (6 缸)	只	1.5
7	镶、铰削气门座圈	只	0.1
8	磨飞轮平面	个	0.9
9	取断头螺栓	个	0.5
10	镗制动鼓 (直径 400mm 及以上)	只	1
11	镗制动鼓 (直径 400mm 以下)	只	0.7
12	车闷头盖	只	0.2
13	车销子	只	0.2
14	车垫片	只	0.2
15	车内螺纹	只	0.2

续上表

序号	机械加工项目	单位	工时，h
16	车外螺纹	只	0.2
17	钻孔	个	0.1
18	攻螺纹	个	0.2

八、散热器维修专项作业工时定额

见燃料货车发动机修理作业工时定额（第202页）。

九、空调维修专项作业工时定额

见燃料货车车身电器故障诊断工时定额（第189页）、燃料货车车身电器修理作业工时定额（第215页）、新能源货车车身电器故障诊断工时定额（第200页）和新能源货车车身电器修理作业工时定额（第226页）。。

十、车身维修专项作业工时定额

见货车车身整形修复工时定额（第228页）和货车车身涂装修复工时定额（第235页）。

十一、洗车工时定额

序号	车型	工时，h	
		外部清洗	内外部清洗
1	轻型货车	0.6	0.8
2	中型货车	1	1.2
3	重型货车	1.5	1.8

十二、玻璃安装及修复专项作业工时定额

1.玻璃安装专项作业工时定额

序号	作业项目	工时，h		
		轻型货车	中型货车	重型货车
1	安装前风窗玻璃	2.5	3	4.5
2	安装车门玻璃	1.5	2	3
3	安装侧窗玻璃（固定）	1	1	2
4	安装后风窗玻璃	1	1	2

2.玻璃修复专项作业工时定额

序号	作业项目	工时，h
1	修复玻璃洞口（直径 1cm 以下）	1.5
2	修复玻璃洞口（直径 1 ~ 1.9cm）	2
3	修复玻璃洞口（直径 2 ~ 3.4cm）	3
4	修复玻璃裂纹（累计长度 3.5 ~ 9.9cm）	3
5	修复玻璃裂纹（累计长度 10 ~ 19.9cm）	4

备注：玻璃裂纹累计长度10cm以上的，建议更换。

附:《汽车维修工时定额核定方法》
(JT/T 1525—2024)

1 范围

本文件规定了汽车维修工时定额核定的总则、车辆类别划分方法、基本条件,以及汽车维修工时的构成、测算、定额核算和定额编制的要求。

本文件适用于指导汽车整车维修企业、综合小修及专项维修业户工时定额的核定与编制。维修企业(业户)对从业人员维修工作量的核算参照使用。

2 规范性引用文件

下列文件中的内容通过文中的规范性引用而构成本文件必不可少的条款。其中,注日期的引用文件,仅该日期对应的版本适用于本文件;不注日期的引用文件,其最新版本(包括所有的修改单)适用于本文件。

GB/T 3799 汽车发动机大修竣工出厂技术条件

GB/T 5624 汽车维修术语

GB/T 8170 数值修约规则与极限数值的表示和判定

GB/T 16739(所有部分) 汽车维修业经营业务条件

GB/T 18344 汽车维护、检测、诊断技术规范

GB 18597 危险废物贮存污染控制标准

GB 18599 一般工业固体废物贮存和填埋污染控制标准

GB/T 19596 电动汽车术语

GB/T 19910 汽车发动机电子控制系统修理技术要求

GB 26877　汽车维修业水污染物排放标准

GB/T 27876　压缩天然气汽车维护技术规范

JT/T 720　汽车自动变速器维修通用技术条件

JT/T 774　汽车空调制冷剂回收、净化、加注工艺规范

JT/T 795　事故汽车修复技术规范

JT/T 1009　液化天然气汽车维护技术规范

JT/T 1029　混合动力电动汽车维护技术规范

JT/T 1344　纯电动汽车维护、检测、诊断技术规范

3　术语和定义

GB/T 5624和GB/T 19596界定的以及下列术语和定义适用于本文件。

3.1　维修工时定额　working hours ration for vehicle maintenance and repair

经过专业培训的熟练技术工人，在一定的生产技术组织条件下，按标准作业程序操作，合理地使用维修设备、工具，按质保量完成维修工作而规定的时间。

[来源：GB/T 5624—2019, 6.4.7, 有修改]

3.2　机电故障诊断　mechanical and electrical fault diagnosis

根据故障现象，采用诊断设备、工具，按照标准、技术规范或维修手册，对机械和电气故障进行诊断，确认故障点或最小故障范围的作业。

3.3　机电故障诊断/作业方案制订工时　mechanical and electrical fault diagnosis/formulate operation plan working hours

按照标准、技术工艺规范或维修手册要求完成机电故障诊断或制订维护、车身整形修复、车身涂装修复、美容装潢等合理作业方案的时间。

3.4　作业工时　operation working hours

根据机电故障诊断结果或作业方案,按照标准、技术工艺规范或维修手册要求施工的时间。

3.5　辅助工时　auxiliary working hours

根据作业需求,按照标准、技术工艺规范或维修手册要求完成场地、仪器、设备、工量具、配件的准备、整理、整顿、清洁的时间。

4　总则

汽车维修工时定额核定满足以下原则:

a)真实反映实际维修全过程工作时间;

b)体现先进维修技术、装备和工艺;

c)选取的车型具有代表性;

d)直接测算法与经验估算法相结合;

e)便于查询、使用。

5　车辆类别划分方法

5.1　核定汽车维修工时定额时,应对车辆类别进行划分,分类测算,划分依据见表1。

5.2　乘用车根据维修项目不同,宜按照GB/T 3730.1,分别以排量或功率、车长或轴距为主要依据进行类别划分。

5.3　客车宜按照JT/T 325,以车长为主要依据进行类别划分。

5.4　载货汽车宜按照GB/T 15089,以总质量为主要依据进行类别划分。

5.5　新能源汽车类别划分还宜参考电池容量、电机功率及智能化程度。

表1　汽车维修工时定额车辆类别划分依据

<table>
<tr><th rowspan="3">项目</th><th colspan="6">车辆类别划分</th></tr>
<tr><th colspan="2">乘用车</th><th colspan="2">客车</th><th colspan="2">载货汽车</th></tr>
<tr><th>燃料</th><th>新能源</th><th>燃料</th><th>新能源</th><th>燃料</th><th>新能源</th></tr>
<tr><td>机电维修</td><td>排量
功率</td><td>电池容量
电机功率</td><td>车长</td><td>车长
智能化程度</td><td colspan="2">总质量</td></tr>
<tr><td>车身整形修复</td><td colspan="2">车长
轴距
车身材料</td><td colspan="2">车长</td><td colspan="2">总质量</td></tr>
<tr><td>车身涂装修复</td><td colspan="2">车长
轴距
涂料类型</td><td colspan="2">车长
涂料类型</td><td colspan="2">总质量
涂料类型</td></tr>
</table>

6　基本条件

6.1　环境保护

6.1.1　水污染排放应符合GB 26877的要求。

6.1.2　危险废物贮存应符合GB 18597的要求。

6.1.3　固体废物贮存应符合GB 18599的要求。

6.1.4　汽车空调制冷剂的回收、净化、加注应符合JT/T 774的要求。

6.1.5　挥发性有机物（VOCs）应集中收集并导入治理设施，实现达标排放。

6.2　场地和设施设备

场地和设施设备应符合GB/T 16739（所有部分）的要求。

6.3　作业项目

6.3.1　汽车维护、检测、诊断应符合GB/T 18344的规定；纯电动汽车维护、检测、诊断还应符合JT/T 1344的规定；混合动力电动汽车维护还应符合JT/T 1029的规定;压缩天然气汽车维护还应符合GB/T 27876的规定;液化天然气汽车维护还应符合JT/T 1009的规定。

6.3.2 发动机电子控制系统维修应符合GB/T 19910的规定。

6.3.3 发动机大修应符合GB/T 3799的规定。

6.3.4 自动变速器维修应符合JT/T 720的规定。

6.3.5 空调维修应符合JT/T 774的规定。

6.3.6 车身整形修复和车身涂装修复应符合JT/T 795的规定。

6.3.7 其他维修作业应符合相关技术工艺规范或维修手册的规定。

6.4 作业人员

6.4.1 维护和修理作业人员应经过专业培训,熟悉所从事工种的维修技术和操作规范,技能等级应达到四级(中级工)。

6.4.2 机电故障诊断/作业方案制订人员应经过专业培训,熟悉所从事工种的维修技术和操作规范,技能等级应达到三级(高级工)。

7 汽车维修工时构成

汽车维修工时由进厂交接工时、机电故障诊断/作业方案制订工时、作业工时、辅助工时和出厂交接工时构成(图1),应按公式(1)计算。

$$t=t_1+t_2+t_3+t_4+t_5 \qquad (1)$$

式中:t——汽车维修工时,单位为时(h);

t_1—— 进厂交接工时,单位为时(h);

t_2——机电故障诊断/作业方案制订工时,单位为时(h);

t_3——作业工时,单位为时(h);

t_4——辅助工时,单位为时(h);

t_5——出厂交接工时,单位为时(h)。

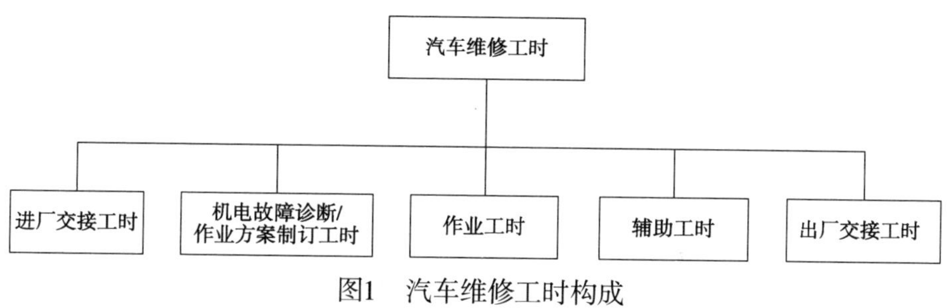

图1　汽车维修工时构成

8　汽车维修工时测算

8.1　进厂交接工时测算

应采用计时器测量并记录完成车辆信息确认，外观、内饰和车况检查，以及对车辆进行初步诊断等交接内容，准确填写车辆进厂交接单的时间。

8.2　机电故障诊断/作业方案制订工时测算

8.2.1　构成

机电故障诊断/作业方案制订工时构成见图2。

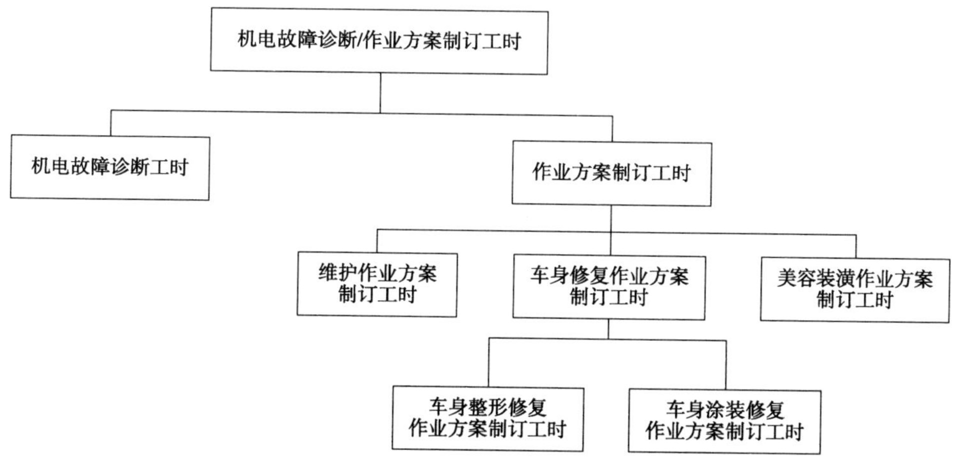

图2　机电故障诊断/作业方案制订工时构成

8.2.2　机电故障诊断工时测算

8.2.2.1　项目

机电故障诊断工时测算项目分类见图3。燃料汽车故障诊断工时测算项目见表A.1~表A.7，新能源汽车电池、电机、电控(三电)系统故障诊断工时测算项目见表A.8，新能源汽车底盘和车身电器故障诊断工时测算项目参考表A.4~表A.7，新能源汽车车身电器的空调系统故障诊断工时测算项目见表A.9和表A.10。

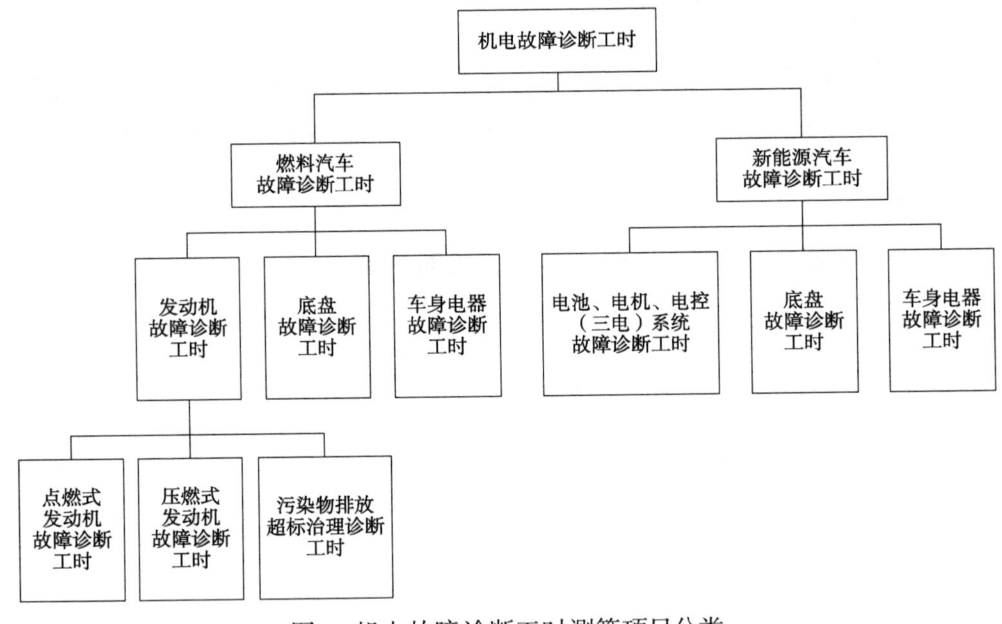

图3　机电故障诊断工时测算项目分类

8.2.2.2　测算方法

机电故障诊断工时测算应采用计时器测量并记录完成下列步骤的时间：

a)分别列出燃料汽车(发动机、底盘、车身电器)和新能源汽车(电池、电机、电控系统，底盘，车身电器等)常见机电故障；

b）根据故障特征分别列出常见故障诊断项目；

c）分析各故障诊断项目的合理诊断步骤。

8.2.3　作业方案制订工时测算

8.2.3.1　维护作业方案制订工时测算方法

维护作业方案制订工时测算应采用计时器测量并记录完成下列步骤的时间：

a）根据车辆行驶里程（或时间），按照GB/T 18344、GB/T 27876、JT/T 1009、JT/T 1344、JT/T 1029或车型维修手册确定基本维护作业项目；

b）进行车辆维护前检测并记录检测结果，根据检测结果确定维护附加作业项目；

c）根据基本维护作业项目和附加作业项目制订合理的维护作业方案。

8.2.3.2　车身修复作业方案制订工时测算方法

8.2.3.2.1　车身整形修复

车身整形修复作业方案制订工时测算应采用计时器测量并记录完成下列步骤的时间：

a）根据车身受损部位、程度等，使用车身测量设备或工量具测量车身数据；

b）根据测得的车身数据，按照JT/T 795或维修手册并结合维修经验进行数据分析；

c）根据数据分析结果制订车身整形修复方案。

8.2.3.2.2　车身涂装修复

车身涂装修复作业方案制订工时测算应采用计时器测量并记录完成下列步骤的时间：

a）根据车身的底材类型（铝板、镀锌板、塑料件等）、损伤部位、损伤程度，确定施涂对象（车身损伤修复件或新件）；

b）根据车身涂层的类型（金属漆、素色漆、三工序漆等），喷涂设施设备条件，环境温度、湿度，按照JT/T 795或涂料使用手册并结合维修经验，制订车身涂装修复方案。

8.2.3.2.3　美容装潢作业方案制订工时测算方法

美容装潢作业方案制订工时测算应采用计时器测量并记录完成下列步骤的时间：

a）与客户充分沟通，了解客户的美容装潢需求；

b）查看车辆外观、内饰状况；

c）结合施工材料特性制订美容装潢作业方案。

8.3　作业工时测算

8.3.1　构成

作业工时构成见图4。

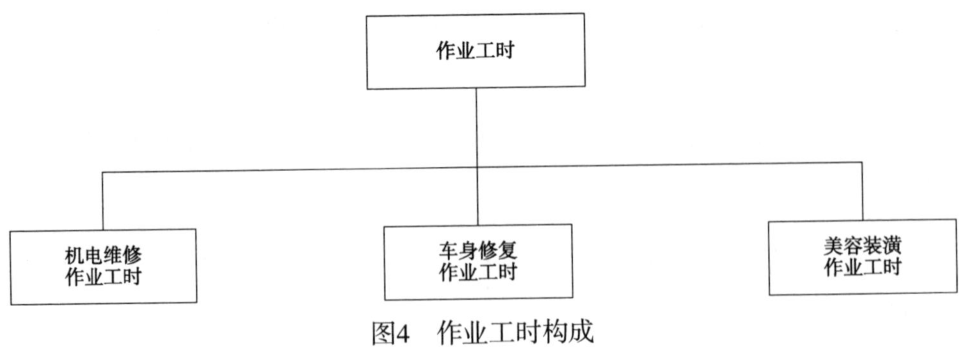

图4　作业工时构成

8.3.2　机电维修作业工时测算

8.3.2.1　构成

机电维修作业工时构成见图5。

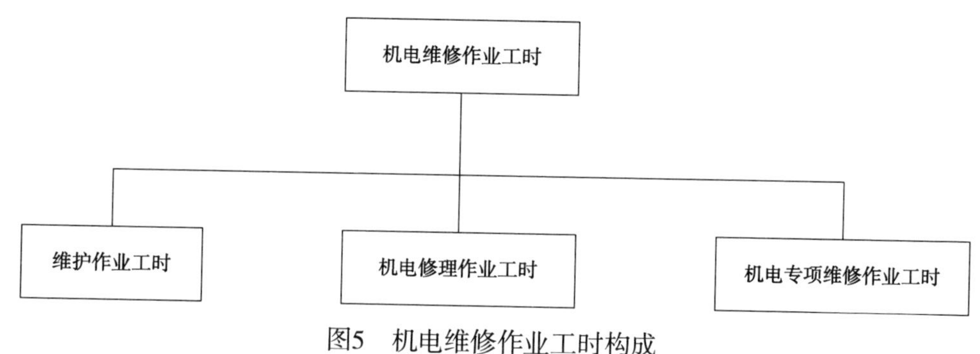

图5　机电维修作业工时构成

8.3.2.2　维护作业工时测算

8.3.2.2.1　项目

维护作业工时测算项目分类见图6。燃料汽车和新能源汽车维护工时测算项目见表B.1~表B.4。

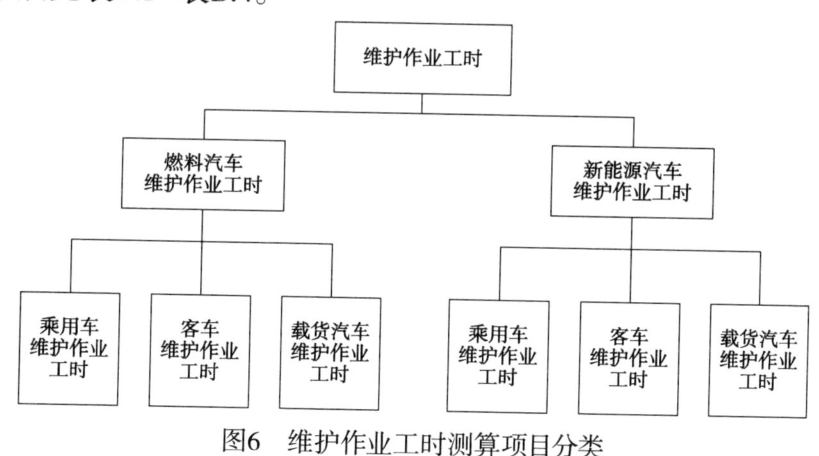

图6　维护作业工时测算项目分类

8.3.2.2.2　测算方法

维护作业工时测算应采用计时器测量并记录完成下列步骤的时间（完成附加作业项目的时间不记录）：

a）根据维护作业方案确定的基本作业项目和附加作业项目，按照GB/T 18344、GB/T 27876、JT/T 1009、JT/T 1344、JT/T 1029或维修手册规定的作业项目进行维护作业和过程检验；

b）按照GB/T 18344、GB/T 27876、JT/T 1009、JT/T 1344、JT/T 1029或车型维修手册的规定进行竣工检验。

8.3.2.3　机电修理作业工时测算

8.3.2.3.1　项目

机电修理作业工时测算项目分类见图7。燃料汽车机电修理作业工时测算项目见表B.5～表B.7，新能源汽车电池、电机、电控（三电）系统修理作业工时测算项目见表B.8，新能源汽车其他机电修理作业工时测算项目参考表B.5～表B.7。

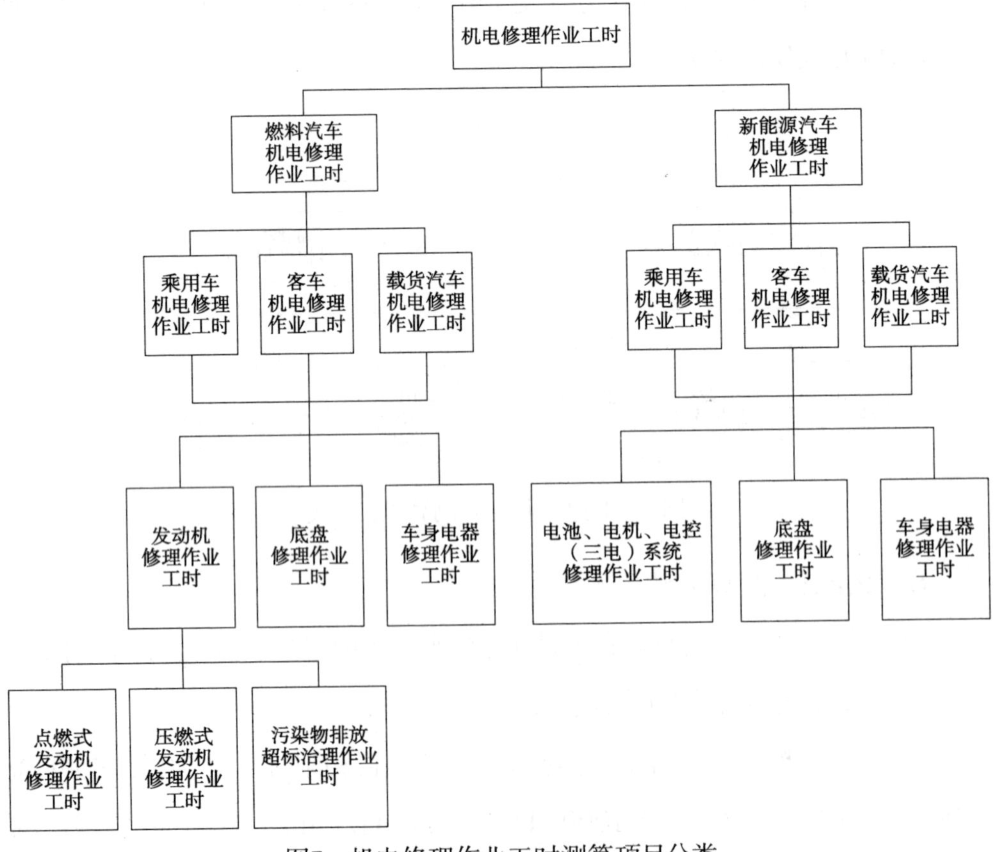

图7　机电修理作业工时测算项目分类

8.3.2.3.2　测算方法

机电修理作业工时测算应采用计时器测量并记录完成下列步骤的时间：

a）根据诊断结果，确定机电修理项目；

b）按照维修手册进行更换、修复、调试等作业，并进行过程检验；

c）按照维修手册进行竣工检验。

8.3.2.4　专项维修作业工时测算

8.3.2.4.1　构成

机电专项维修作业工时构成见图8。

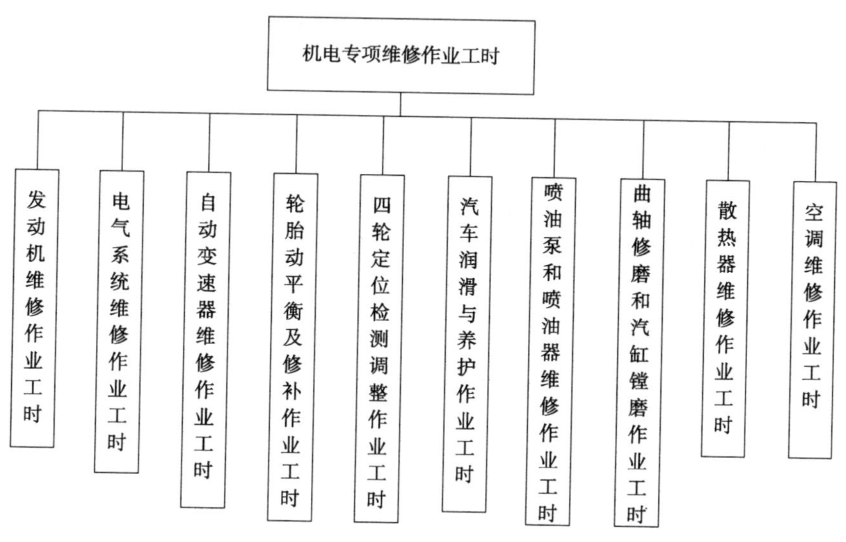

图8　机电专项维修作业工时构成

8.3.2.4.2　项目

轮胎动平衡及修补作业工时测算项目见表B.9，曲轴修磨和汽缸镗磨作业工时测算项目见表B.10，其他机电专项维修作业工时测算项目参考表A.1～表A.10、表B.1～表B.8。

8.3.2.4.3　测算方法

机电维修部分专项维修作业工时应按照8.2.2.2、8.2.3.1、8.3.2.2.2和8.3.2.3.2的方法进行测算。

8.3.3　车身修复作业工时测算

8.3.3.1　构成

车身修复作业工时构成见图9。

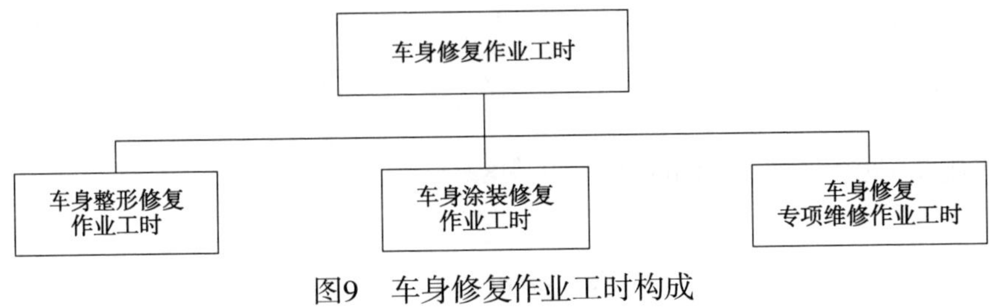

图9　车身修复作业工时构成

8.3.3.2　车身整形修复作业工时测算

8.3.3.2.1　项目

车身整形修复作业工时测算项目分类见图10，乘用车、客车、载货汽车车身整形修复工时测算项目见表B.11～表B.19。

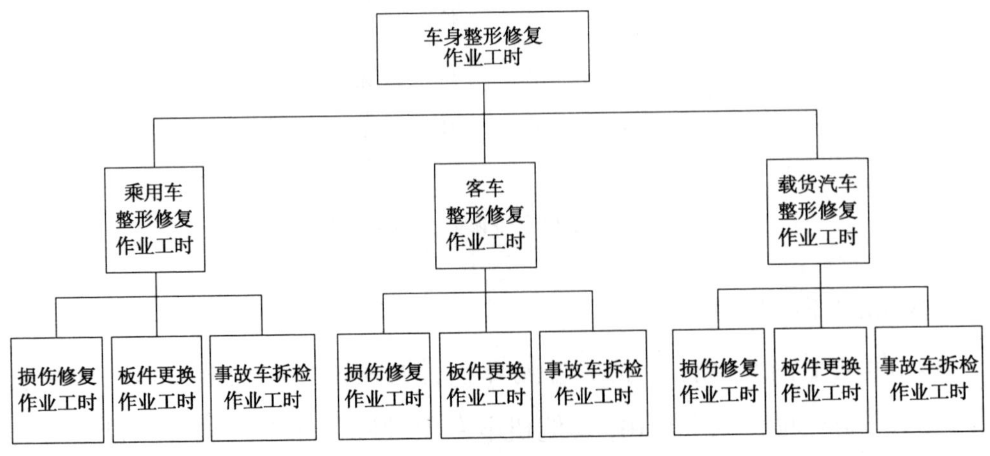

图10　车身整形修复作业工时测算项目分类

8.3.3.2.2　测算方法

车身整形修复作业工时测算应采用计时器测量并记录完成下列步骤的时间：

a）根据车身整形修复方案，确定整形修复项目；

b）按照JT/T 795或维修手册完成车身覆盖件、结构件的损伤修复，车身部件更换作业或事故车拆检作业，并完成过程检验；

c）按照JT/T 795或维修手册完成竣工检验。

8.3.3.3　车身涂装修复作业工时测算

8.3.3.3.1　项目

车身涂装修复作业工时测算项目分类见图11，乘用车、客车、载货汽车车身涂装修复工时测算项目见表B.20～表B.22。

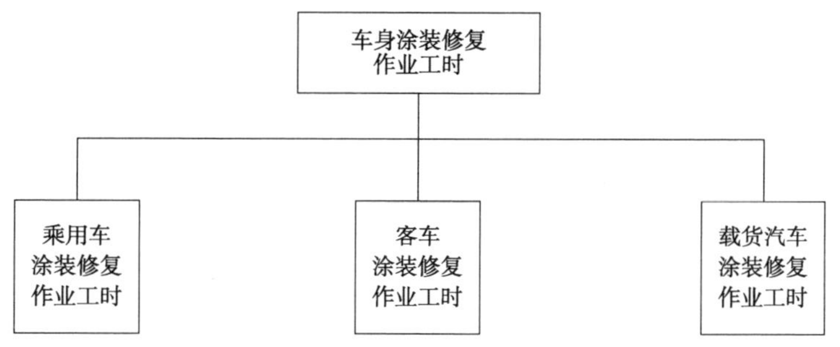

图11　车身涂装修复作业工时测算项目分类

8.3.3.3.2　测算方法

车身涂装修复作业工时测算应采用计时器测量并记录完成下列作业每道工序的施工（含涂料固化）时间：

a）根据车身涂装修复方案，确定涂装修复项目，并制订工艺流程；

b）按照工艺流程，结合JT/T 795或涂料使用手册，完成车身覆盖件或结构件的漆面修复，或新件喷漆，或改色作业，并完成过程检验；

c）按照JT/T 795或涂料使用手册完成竣工检验。

8.3.3.4　车身修复专项维修作业工时测算

8.3.3.4.1　构成

车身修复专项维修作业工时构成见图12。

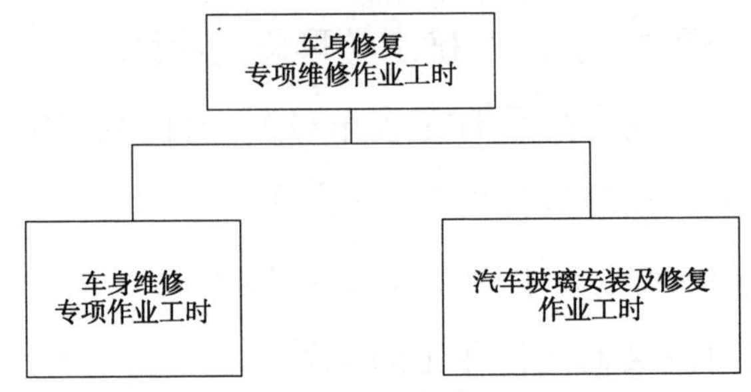

图12　车身修复专项维修作业工时构成

8.3.3.4.2　项目

8.3.3.4.2.1　车身维修

车身维修作业工时测算项目参考表B.11~表B.22。

8.3.3.4.2.2　汽车玻璃安装及修复

汽车玻璃安装及修复作业工时测算项目见表B.23。

8.3.3.4.3　测算方法

8.3.3.4.3.1　车身维修

车身维修专项作业工时应按照8.3.3.2.2和8.3.3.3.2的方法进行测算。

8.3.3.4.3.2　汽车玻璃安装及修复

汽车玻璃安装及修复作业工时测算应采用计时器测量并记录完成下列步骤的时间:

a)按照维修手册或产品技术规范要求进行玻璃安装及修复作业,并进行过程检验;

b)按照维修手册或产品技术规范要求进行竣工检验。

8.3.4　美容装潢作业工时测算

8.3.4.1 项目

美容装潢作业工时测算项目见表B.24。

8.3.4.2 测算方法

美容装潢作业工时测算方法应采用计时器测量并记录完成下列步骤的时间：

a）根据美容装潢作业方案，确定美容装潢项目；

b）按照施工工艺规范要求完成美容装潢项目，并完成过程检验；

c）按照工艺质量要求完成竣工检验。

8.4 辅助工时测算

采用计时器分别测量并记录完成场地、仪器、设备、工量具、配件的准备、整理、整顿、清洁的时间并进行汇总。

8.5 出厂交接工时测算

采用计时器测量并记录配合托修方完成车辆验收，并准确填写车辆验收交接单的时间。

9 汽车维修工时定额核算

9.1 数据处理

9.1.1 数值修约

工时数据应精确到0.1h，不足0.1h的部分，按照GB/T 8170规定的进舍规则进行修约。

9.1.2 异常数据识别

运用统计学的四分位差法识别异常数据。取直接测算与经验估算获得的n（$n \geqslant 7$）个人员完成同一维修项目的维修工时数据作为样本，先对数据按照数值从小到大排列，并均分为四个区域从而确定下四分位数Q_1和上四分位数Q_3，正常维修工时数据应满足公式（2）：

$$4Q_1-3Q_3 \leqslant t_n \leqslant 4Q_3-3Q_1 \quad \cdots\cdots (2)$$

式中：n——直接测算与经验估算获得的维修工时数据个数；

t_n——第n个人员完成同一维修项目的维修工时，单位为时（h）；

Q_1——下四分位数，也称第一四分位数，是样本 $\frac{(n+1)}{4}$ 位置对应的数值；

Q_3——上四分位数，也称第三四分位数，是样本 $\frac{3(n+1)}{4}$ 位置对应的数值。

注：若 $\frac{(n+1)}{4}$ 和 $\frac{3(n+1)}{4}$ 为整数，此时对应位置上的数值就是相应的四分位数；若 $\frac{(n+1)}{4}$ 和 $\frac{3(n+1)}{4}$ 为小数，则根据插值法来计算上下四分位数。

示例：假设样本容量为50，此时位于样本的12.75位置，Q_3位于样本的38.25位置，按插值法可得：$Q_1=0.25X_{12}+0.75X_{13}$，$Q_3=0.75X_{38}+0.25X_{39}$，其中，$X_{12}$为样本中12位置上的数值，$X_{13}$为样本中13位置上的数值，$X_{38}$为样本中38位置上的数值，$X_{39}$为样本中39位置上的数值。

9.2 计算方法

剔除异常数据后，计算所有有效数据的算数平均值，即为该项目的维修工时定额，计算方法按公式（3）：

$$T=\frac{1}{m}\sum t_m \quad \cdots\cdots (3)$$

式中：T——维修工时定额，单位为时（h）；

m——有效的维修工时数据个数；

t_m——第m个有效的维修工时数据，单位为时（h）。

10 汽车维修工时定额编制

10.1 汽车维修工时定额宜按车型类别及作业项目编制，见图13和图14。

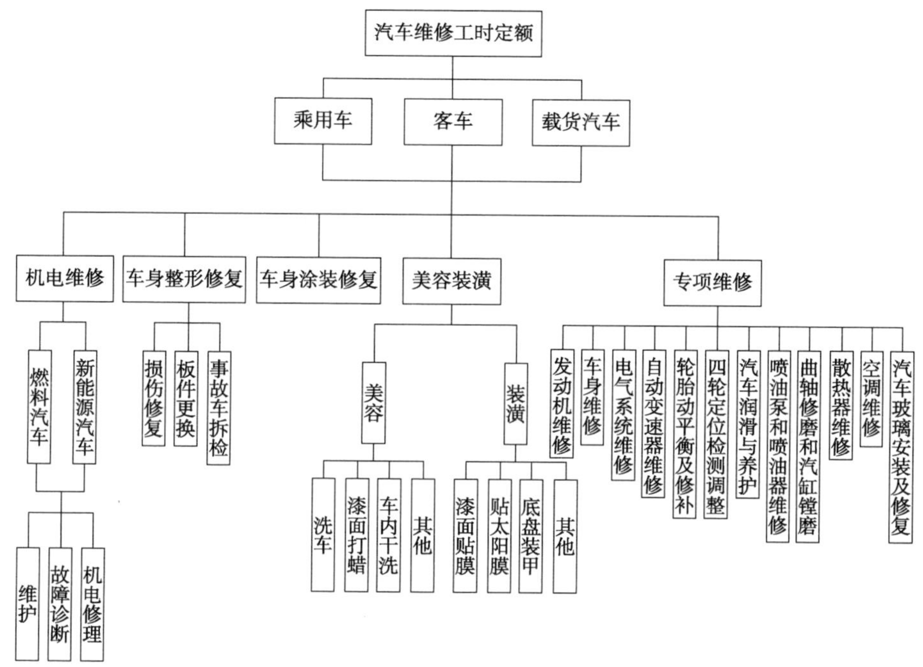

图13　按车型类别编制的汽车维修工时定额

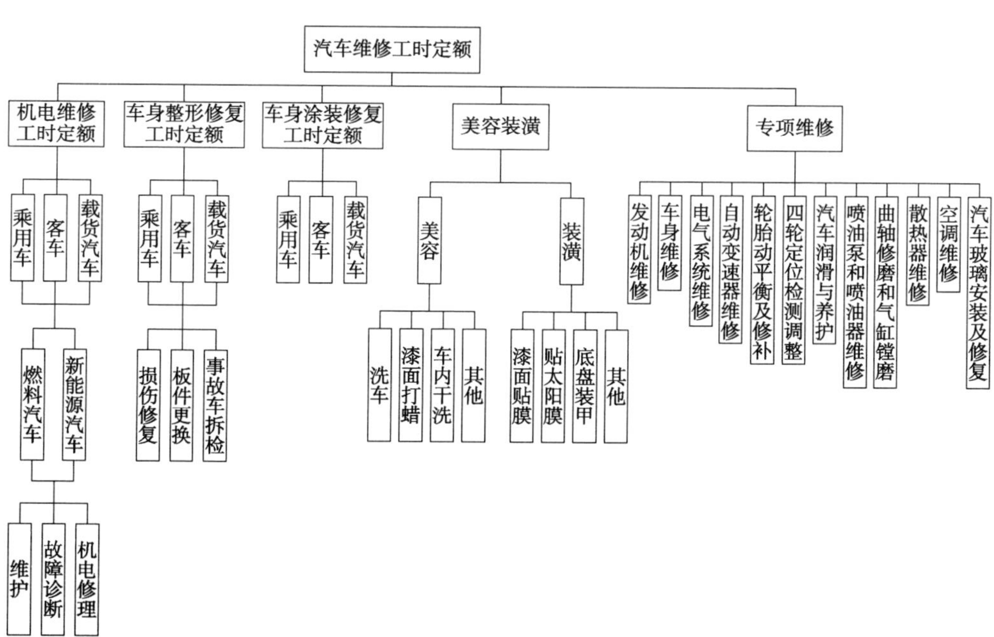

图14　按作业项目编制的汽车维修工时定额

10.2　编制汽车维修工时定额应覆盖适用范围的维修全过程、全类别,项目应可扩展,涉及的作业项目应不缺失。

10.3　编制汽车维修工时定额应技术路径清晰,按车型类别及作业项目编制的汽车维修工时定额体系应相互不交叉、不重叠。

10.4　编制汽车维修工时定额应遵循科学合理的维修工艺流程。

附　　录

(略。)